不動産投資と資産管理法人戦略

不動産コンサルタント
中元 崇 著

銀座タックスコンサルティング 税理士
保立 秀人 税監修

CFネッツグループCEO
倉橋 隆行 総合監修

プラチナ出版

監修を終えて

　本書は、不動産投資をするにあたり、個人で行うのが良いのか、あるいは法人格にして不動産投資を行うのが良いかのメリットとデメリットを詳細について検討しやすいような構成になっている。併せて保立税理士に税務面でも理解しやすいように読者にとってわかりやすいように具体的な数字に落とし込んでいただいている。

　かつて私自身、不動産投資を個人でスタートさせ、将来の年金替わりくらいの意識で行っていたが、結果的に規模の拡大と給与所得の急激な上昇によって税負担が重くなり、十数年前に法人化した経験がある。まさに本書に書かれているような問題点を経験則上で学んできている。

　結果から振り返ってみると、最初から法人格で行っていれば、約4,000万円ほどの経費をかけずに済んだと後悔はしているものの、やはり法人格にして結果的に良かったと現在では思っている。個人で所有している物件を、法人を設立して法人に売却すると、新規と同じように不動産取得税や登録免許税は課税されるし、銀行などの融資についても手続費用がかかってくる。個人の資産を後になって法人に変えるのには結構なコストがかかるが、私の場合、当時、まだ若かったので将来的に考えるとさまざまなメリットがあったため、法人化したのである。これも本書に書かれているとおり、人それぞれによって条件等が変わってくるのでそこは我々のような、というより、著者の中元氏や保立税理士にご相談されることが賢明だろう。

　実は、私のこの法人は、M＆Aで売却した。本書では、法人の「清算がしにくい」というデメリットが書かれているが、法人の場合、M＆Aという出口も、今後は浸透してゆくと考えられる。これについて加筆しようと考えたが、誤解があるといけないので削除させていただいた。誤解の生じない範囲で解説すると、たとえば5億円の資産の会社の債務が

1億円になったとする。この会社の純資産は4億円であり、この会社を清算して物件を売却すれば、諸経費を差し引いて現金化できる。しかし、せっかく何年間も元金の返済を行っており、3年後くらいには元金の返済が終わり、キャッシュフローが3,000万円ぐらいあるとすれば、もったいないのである。

そこでM＆Aを活用して4億円で売却すれば、売主は現在価値のキャッシュを手にし、買主は、その会社の事業の継承によって、不動産投資のスピードを上げることができる。少々、テクニックが必要であるが、M＆Aの場合は融資そのものを継承できたりするから、ご承知のとおり元利均等方式の返済をしていれば、融資の残元金の減り方はかなり早くなる。

そして本書でも書かせていただいているが、その分、担保余力が出てくるので「キャッシュフロー」＋「余力担保」により不動産投資を加速することができる。その他、資産と負債状況を活用して相続対策にも有効に活用できるし、資産継承者に通常の個人での不動産投資では実現できない速度で資産を継承させることができる。このM＆Aは、その法人格によってメリットとデメリットがあり、当然、買主にとってもメリットのある場合とデメリットの場合もある。これは理論上の問題だけではなく、実務的なノウハウが重要であるが、実際にやってみると難しくはないのである。

私の知人でアメリカ人の金持ちがいる。一度、彼にどのような形で純資産30億円を築いたのかをストレートに聞いたことがある。すると答えはM＆Aだった。最初は、とてつもない小さなプロパティマネジメント（PM）会社に就職し、その会社の株式を取得し、会社が少し大きくなった段階でM＆Aにより買収され、まとまった資金が手に入った。そしてその資金を利用し、さらに小さい会社に就職し、その会社の株式を多く取得して会社を大きくした。そこでもM＆Aで買収され、多額な資金をもって、今度は自らが不動産投資会社を設立したのである。つまり資産形成の多くをM＆Aによって加速させ、最後は自らが不動産投資会社

を設立して悠々自適な人生を送っている。

　今回、私の会社をM&Aで売却したのは、既にある資産25億円程度の不動産投資会社と地域活性化事業を行う新会社の株式に投資するためである。投資には、当然、資金が必要である。本書にもあるようにレバレッジ効果と金融機関の信用力を得るには相応の資金が必要である。また年齢的にも若者たちに夢が与えられるような事業を創業し、それらの事業を継承させるためには、潤沢な資金と経営ノウハウが必要である。これがあれば成功する確率は非常に高いものとなり、また相続対策にも有効な手段となるのである。

　不動産投資は、決して難しい事業ではない。ただ基本的なことをしくじると、取り返しがつかなくなる事業でもある。本書は、かなり具体的に踏み込んだ数字があったり、若干の専門用語が使われていて難しく感じる方も多いとは思う。しかしながら内容についてはどれも必要な知識であるので、ぜひ、何度も読み直して理解していただきたい。この内容が理解できて来れば、将来、M&Aなどで資産の向上が図れるかもしれない。そして、万一、ご理解いただけない場合でも、個別相談も行っていますし、Youtubeの「CFネッツセミナーチャンネル」という番組でも不動産投資についての解説を行い、また「CFネッツ倉橋隆行チャンネル」という番組でもさまざまな情報を無料で紹介している。

　私たちCFネッツ・グループでは、20年以上前から読者に対してもコンサルティングを行って、「読者」から「不動産投資家」に育ててきた実績がある。こう書くと、本書自体が「自社に誘導する本」というようなことをいう人もいるわけだが、本当に実績があるのだから仕方がない。CFネッツのグループには、弁護士、税理士、不動産鑑定士、設計士などの専門職の社員がおり、さまざまな角度で不動産投資や相続対策、事業継承をサポートしている。私たちは単なる不動産会社ではないし、著書だけ出版しているものでもない。不動産投資などの実業の実務をサポートして皆さんの資産を確実に増加させ、さらには、その資産を事業継

承や相続対策を円満にさせるノウハウを提供している会社なのである。

　初めて、本書によって、ＣＦネッツという会社を知る方も多いと思う。信じられないかもしれないが、本当に実績を積んできた会社であり、多くの方々を不動産投資で成功させてきている。

　ぜひ、本書の内容を理解していただき、不動産投資を実践していただきたい。そして、将来に不安のない人生を歩んでいただきたいと願っている。

ＣＦネッツ・グループ　ＣＥＯ　倉橋　隆行

はじめに

定期的にメディアで騒がれる老後の経済不安問題

　そこへきて新型コロナウイルスの影響で所得減少や廃業が続き収入源の多角化が叫ばれたこともあってか、少しでも今の暮らしを経済的に楽にできれば、もしくは将来的な備えとして活用できればと、相変わらず不勉強のまま不動産投資を始め、そして失敗したことに気づいてからご相談にみえる方が後を絶ちません。

　基本的に儲からない新築投資用ワンルームマンションを買ってしまった方、高利回りにつられて購入したものの実際は入居者が半分しか埋まらない某地方のアパートオーナーなど。相場とはかけ離れた高い賃料を販売側の不動産会社が保証してくれていたから銀行への返済も何とかなっていたものの、相場とはかけ離れた無謀な保証賃料を販売利益でまかなう自転車操業で金融機関と結託した不正融資が明るみになったことで販売継続できず破たんしてしまい、オーナーに残されたのは億単位の借入返済と空室だらけのシェアハウスなど社会問題になった事件もあり、皆さんもニュースでご存じのとおりだと思います。

　また、相続税改正により一部の資産家だけではなく、さらに一般の方にも身近になってしまった相続税の対策と考えて、需要のないところに建設会社主導のサブリースつき賃貸住宅を建設したものの、空室続きで賃料見直しに合い、ローン返済のみに追われ収益が残らず途方に暮れる方など、買う前や建てる前に相談に来てくれていればと思わされることが続いています。

では、果たして不動産投資はやめたほうが良いのでしょうか？

　そもそも不動産投資とは賃貸事業であり、何でもかんでも不動産を買

えば儲かるというわけではありません。

　適切な立地、そして適正な価格の不動産を適切な資金計画で取得し、安定した収益を継続的に得られるよう運営していき、定期的に資産の棚卸しをしながら売却時の損益を試算しつつ、保有を継続しても大丈夫なのか、組替えの検証が必要なのか、常に検討していく必要があります。

　そして、資産が拡大していく過程でさまざまな税金対策のため、法人化の検討や相続対策などの資産承継の準備も必要になってくるという長期的な視点を持っていただくことが大切です。

　逆に言うと、それらのポイントを押さえておきさえすれば、世界中の資産家が大昔から実践してきているように、不動産というものは他の事業とは違い、低利な融資という金融の仕組みを上手に活用して、中長期的に時間を掛けることで、安定した家賃収入で経費と借入返済を行いながら自分の資産を確実に形成して、安定した収益をもたらしてくれる存在となります。その収益は、現在の所得以外の収益源となり本業の手助けになることもあれば、将来的な金銭的リスクをカバーし、精神的にも拠り所となってくれることでしょう。

　本書は、よくありがちな不動産を活用した資産形成における何かしらの裏技を指南し最短で億万長者を目指そうといった派手な本ではなく、地道に資産形成にはある程度の時間やお金が必要なことをご理解いただき、適切な物件選びをしていただけるよう、数字で収益構造を理解していただくために、投資分析の内容を始めとして、実際の投資事例を用いて噛み砕きながら、不動産投資がどのような収益構造になっているのかを解説させていただきます。

　また、資産が拡大するにつれ所得税や相続税などの税金の負担に悩むご相談を数多くいただきますが、できれば不動産投資を始める前からそれらの対策として有効な法人化についてのメリット・デメリットを把握

したうえで設立するかどうか、そしてタイミングを事前に検討しておくことが望ましいと考え、加筆致しました。

資産管理法人を設立し、個人と所得を分散させることにより税負担を軽減することができるようになりますし、資産管理法人は相続対策として重要なポイントの一つになります。

なお、本書の執筆においては、私自身が普段の不動産コンサルティング実務の税務面において、深くサポートしていただいている銀座タックスコンサルティングの保立税理士より監修を受けています。

保立税理士とは普段から連携しながら法人設立の検証や設立申請、法人を活用した所得税対策、相続対策におけるさまざまなスキームの打ち合わせなど数多くの実務を行っていますし、私も含めて保立税理士も複数の区分マンションやアパートを所有して大家業を行っていますので、実体験に基づく教科書的ではない解説をしていると思っています。

そのような私たちが、今まで不動産投資の現場で実際にクライアントの方に説明する機会が多い基本的な内容について、可能な限り本書では触れさせていただきました。

今後、不動産投資を進めていくうえで、あらかじめ知っておくことで成功していただけるよう、時代が変わっても押さえておいていただきたい普遍的な内容を解説させていただいております。

本書を手に取っていただきご縁をいただいた皆様にとりまして、将来的な経済不安を解消するための一助となれば幸いです。

2021年3月
　　　　執筆　株式会社シーエフネッツ
　　　　　　　　副社長／東京本社・名古屋支社ブロック長
　　　　　　　　不動産コンサルタント　**中元　崇**　CPM・CCIM・CFP
　　　　税監修　銀座タックスコンサルティング
　　　　　　　　代表税理士　**保立秀人**　税理士・CPM

目次 　不動産投資と資産管理法人戦略

PART 1 基礎編

PART
②　実務編

PART ③ 法人活用編

装丁　㈱シー・エフ・ネッツ（大島千佳）
本文デザイン　　　　　　吉村朋子
DTP　　　　　　トゥエンティフォー
図表　　　　　　　川田あきひこ

PART

1

基礎編

第**1**章

不動産投資のメリット&デメリット

1 不動産投資のメリット

①売買を前提とせず、毎月の収入が得られる

不動産を取得し、それを貸すことにより、**定期的な家賃収入**が得られます。

継続的な収入の確保ができます。

図表1-1-1

☑ 投資は、元本を取り崩さずに
果実は毎月享受できる不動産投資が最適

家賃収入を得ながら、
将来的に売却しようと思えば
現金化も可能

②家賃収入がローンを返済してくれるので、他人が自分の資産を拡大してくれる

一般的には、金融機関からお金を借りて、不動産を取得し、そのローンを返済していくことになりますが、**取得した不動産を貸して、家賃収入を得て、そこから経費やローンの返済金を差し引いても、手元にお金が残るという一連のお金の流れ**が、自分で出資した分以外は他人のお金でまかなえることになります。

そして、そのローンの元金返済が進むにつれて、その不動産物件の価格と返済によって減った元金との差が含み資産になって、自分の資産がふくらんでいきます。

図表1-1-2

お金は貯めても、 生活費をまかなえない

☑ **1,000 万円のお金**は、 毎月 20 万円使えば 50 ヶ月（約 4 年）で枯渇する

☑ 1,000 万円を 8％で運用できれば**毎月 6.67 万円** の 収入になる

③値上がり益がでる場合もある

　たとえば、1,000万円で買った中古の区分マンションが、場所により、あるいは物件により、将来的に1,500万円になる可能性もないわけでは、ありません。

　ただし値上がりのみを見込んで、リスク、つまり入居者の確保に難点がある物件の購入はしてはいけません。

　あくまで、**確実な家賃収入を得られることを基本として、なおかつ、将来的に値上がりの可能性もありうるならば、最も望ましい**ということです。

④インフレヘッジができる

　インフレで、物の価値が上がり、お金の価値が下がるとき、不動産の価格も上がり、それに連動して家賃も上昇します。

　また、その物件を売却するときは、その価値の上昇した相場で売ることもできます。

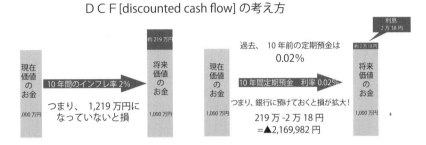

図表1-1-3

DCF [discounted cash flow] の考え方

⑤値下がりしても追加担保・追加証拠金などを求められない

　たとえば、アパートを１億円で買うために、その不動産を担保として銀行から１億円借り入れた場合、その不動産の価格が翌年9,000万円になったとしても、差額の1,000万円を繰上げ返済する必要もなく、追加担保・追加証拠金なども求められることはありません。

　つまり、不動産の価格が変動して、その価額が下がったとしても、その不動産を売る必要はないし、追加してお金を返す必要もなく、継続して家賃収入が得られます。

⑥値下がりしても残債の減少によって、手取りキャッシュがかなり多い場合がある

　たとえば、アパートを１億円で買うために、その不動産を担保として銀行から１億円借り入れたとき、その不動産の価格が５年後に9,000万円になってしまったとします。しかし、その不動産のローン返済が進んでいて、元金が8,000万円になっていれば、価格が値下がりしたその不動産を売却しても、1,000万円の売却益（含み益）が得られます。

⑦不動産を担保に融資が受けられるのでレバレッジがきく

　通常はお金を借りていなくて、1,000万円の現金しかなければ、1,000万円までの範囲の不動産しか買えませんが、ほかに担保価値9,000万円

の不動産を持っていれば、合計1億円までの融資を受けられることになります。あるいは、買おうとしている物件を担保に入れれば、その分多く融資を受けることができます。

このようにして、不動産の物件選定の範囲が広がることで、より大きな物件の不動産の取得が可能になります。

⑧同じ物件でも工夫次第で収益性を高めることができる

たとえば、外装、内装をきれいにして売却益を上げるとか、室内の設備を整えることで家賃収入を上げるなど収益性を高めることができます。

つまり、自分自身の工夫次第で、貸し出し賃料や売却価格に影響を与えることが可能だということです。

⑨相続税などの節税をしやすい

1億円の現金の相続税評価は、1億円になります。減額要素がありません。

しかし、**1億円の不動産、たとえばアパートの相続税評価は、東京都の場合、貸家建付地や小規模宅地の評価減を利用することで30%から40%に圧縮**されます。ここまで相続税評価が下がる財産というのは、不動産以外にはありません。仮に相続税評価が4,000万円になったとすると、相続税評価の圧縮効果は6,000万円になり、相続税率50％の場合、3,000万円の相続税が圧縮されたことになります。

だからといって、余っている土地になんでもかんでもアパートを建てれば、相続税対策になるわけでは、ありません。

畑の真ん中にアパートを建てても、入居者がいなければ、不動産の資産価値自体が下がってしまいます。

将来価値とか入居率を全く考えない相続対策は危険です。

❷ 不動産投資のデメリット

①スタートするのにそれなりの資金が必要

　たとえば、1棟マンションよりは単価が低い区分マンションの購入でも、少なくとも数十万円の頭金が必要になります。

②流動性が低い

　不動産は、今日買って、今日売るということは、基本的にしづらいです。

③金利上昇・滞納・空室・賃料低下・災害などのリスク

　金利上昇に備えて、頭金を厚くしたり、固定金利にしたり、また地震・火災には、損害保険でカバーしたりといった対策が必要になります。

④短期の売買を繰り返すには、コストが高い

　たとえば、価格1,000万円の区分マンションが1,200万円に上がったとしても、短期の売買（保有期間5年未満）の場合、短期譲渡税率が約39パーセントかかり、購入したときまたは売ったときの経費、そしてそのときの税金を考えると、たとえ200万円の値上がりがあったとしても、それほど利益はでません。もちろん、個人で購入したか、法人で購入したかにより、違いはありますが、個人で購入した場合は、思ったほどの利益につながらないので、売却はやめるようアドバイスするケースが多々あります。

⑤値下がりしての売却の場合、残債を下回るとその差額を用意できないと売却できない

　典型的な例は、新築投資用3,000万円の区分マンションで全額ローンの場合、所有していてもキャッシュフローがマイナスであることから、売却を検討するにしても、たとえばそのマンション価格が翌年2,500万

円に値下がりしてしまえば、売却しようとしても、その抵当権をはずすために3,000万円を支払わなければなりません。たとえ2,500万円で売れても、500万円は、追加負担になります。そしてその資金が用意できなければ持ち続けなければならず、赤字の垂れ流しとなってしまいます。そのような物件は、買ってはいけません。

⑥細かい分割がしづらい

　相続の遺産分割で区分のマンションの1室の場合はもちろんですが、1棟のアパートの1階部分を兄に、2階部分を弟にというようには、なかなかいきません。

　「共有」といって持分を持ち合うという方法もありますが、親子間での持ち合いはいいとしても、兄弟間での持ち合いは、相続後の権利関係が複雑になることからおすすめできません。

人口の推移と キャップレート

① 現況の人口の推移

　不動産「投資」は、「人」を相手にした貸家「業」です。空き家、空き室を借りてくれる「人」がいないと始まりません。

　ですから国内の各地域における人口の推移は、非常に重要です。

　そこで、現況の人口の推移を見てみます。

図表1-2-1

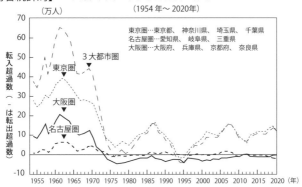

【総務省統計局】 ３大都市圏の転入超過数の推移

- 2020年における３大都市圏（東京圏、名古屋圏及び大阪圏）の転入超過数をみると、３大都市圏全体では８万1,738人の転入超過。前年に比べて４万7,931人の減少。
- 東京圏は９万9,243人の転入超過。前年度比４万9,540人減少。
- 名古屋圏は１万7,387人の転出超過。前年の転出超過から2,370人拡大。
- 大阪圏は118人の転出超過。前年に比べ3,979人の縮小。
- 注）1954年から2013年までは、日本人のみ。

　３大都市圏への転入超過数の推移については、総務省統計局の資料が出ています。1954年から2020年までのものです。

　３大都市圏とは、東京圏、大阪圏、名古屋圏です。

　東京圏には東京都、神奈川県、千葉県、埼玉県が入ります。名古屋圏は愛知県、岐阜県、三重県になります。大阪圏は大阪府、兵庫県、京都

府、奈良県の地域です。

　図表1-2-1で「転入超過数」というのは、その地域から出て行く人より、そこに入ってくる人が多い状態ですから、転入超過が続けば、人口は増え続けることになります。

　次の**図表1-2-2**のとおり3大都市圏全体においては、2020年では84,602人の転入超過、新型コロナか禍の影響か前年比45,592人の減少になっています。しかし、内実は、東京圏だけが98,005人の転入超過で前年比47,571人減。名古屋圏、大阪圏は、ともに転出超過の状況です（日本人移動者に限られているので**図表1-2-1**と数値が若干異なります）。3大都市圏でも東京圏に人が集中してきている状態ということになります。

　図表1-2-1に戻りますと、東京においては1995年から2020年までの実に25年連続の転入超過です。名古屋圏、大阪圏はともに8年連続転出超過になっています。

図表1-2-2

3大都市圏の転入超過数の推移　（日本人移動者）（2013年〜2020年）
（人）

区　分	2013年	2014年	2015年	2016年	2017年	2018年	2019年	2020年
3大都市圏全体								
転入者数	788,216	782,086	813,906	795,328	796,693	808,772	816,306	767,651
転出者数	698,430	685,203	704,993	689,158	690,718	688,519	686,102	683,039
転入超過数	89,786	96,883	108,913	106,170	105,975	120,253	130,204	84,612
東京圏								
転入者数	466,844	468,576	487,251	477,790	481,289	491,003	487,660	459,096
転出者数	370,320	359,168	367,894	359,922	361,510	355,403	352,084	361,091
転入超過数	96,524	109,408	119,357	117,868	119,779	135,600	145,576	98,005
名古屋圏								
転入者数	119,807	118,208	122,609	119,006	117,509	118,026	116,168	111,015
転出者数	119,954	119,011	123,699	121,369	122,488	125,466	127,683	123,290
転入超過数	-147	-803	-1,090	-2,363	-4,979	-7,440	-11,515	-12,275
大阪圏								
転入者数	201,565	195,302	204,046	198,532	197,895	199,743	202,478	197,540
転出者数	208,156	207,204	213,400	207,867	206,720	207,650	206,335	198,658
転入超過数	-6,591	-11,722	-9,354	-9,335	-8,825	-7,907	-3,857	-1,118

注1）「-」は転出超過を表す。
注2）東京圏：東京都、神奈川県、埼玉県、千葉県
　　　名古屋圏：愛知県、岐阜県、三重県
　　　大阪圏：大阪府、兵庫県、京都府、奈良県
注3）3大都市圏全体は、各大都市圏の単純合計

　そこで、不動産の貸主さんにとっても、お客さんである借主さんの人口増加の推移が気になるところです。

もう少し次の**図表1-2-3**でくわしく見ていきます。まず、都道府県別にその推移を見ますと、2020年に**転入超過**になったのは、8都府県です。東京都、神奈川県、埼玉県、千葉県、福岡県、大阪府、滋賀県および沖縄県になります。

図表1-2-3

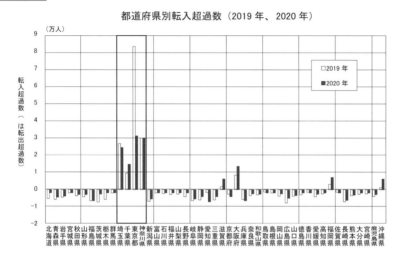

都道府県別転入超過数（2019 年、2020 年）

　その中でも、突き抜けて転入超過数が多いのは東京都。次に神奈川県、埼玉県、千葉県と首都圏の各県が続きます。日本全体で人口が減少している中で、このエリアに人口が集中しつつあるのがわかります。

　また、市町村単位での転入超過の状況はというと、同じく2020年の資料ですが（**図表1-2-4**）、転入超過数が多いところは、大阪府大阪市が1万6,802人、東京都特別区部（1市としての扱い）で1万3,034人、横浜市は1万2,447人となっています。そして、さいたま市が続きます。ちなみに、大阪府の場合は転出超過でしたが、大阪市は転入超過となっています。

図表1-2-4

転入超過数の多い上位 20 市町村（2020 年度）　　　　　　　　　　（人）

順位	市町村	2020 年	2019 年	対前年増加数	順位	市町村	2020 年	2019 年	対前年増加数
1（ 2）	大 阪 市 （大阪府）	16,802	13,762	3,040	11（ 9）	柏　　市 （千葉県）	3,607	4,000	-393
2（ 1）	東京特別区 （東京都）	13,034	64,176	-51,142	12（15）	藤 沢 市 （神奈川県）	3,244	2,966	278
3（ 5）	横 浜 市 （神奈川県）	12,447	10,306	2,141	13（12）	名古屋市 （愛知県）	3,075	3,415	-340
4（ 3）	さいたま市 （埼玉県）	10,922	11,252	-330	14（28）	仙 台 市 （宮城県）	2,930	1,349	1,641
5（ 6）	札 幌 市 （北海道）	10,493	9,812	631	15（11）	船 橋 市 （千葉県）	2,808	3,715	-907
6（ 7）	福 岡 市 （福岡県）	7,909	8,191	-282	16（38）	八千代市 （千葉県）	2,468	1,156	1,312
7（ 4）	川 崎 市 （神奈川県）	5,587	10,618	-5,031	17（13）	川 口 市 （埼玉県）	2,363	3,370	-987
8（10）	千 葉 市 （千葉県）	4,783	3,739	1,044	18（32）	相模原市 （神奈川県）	2,362	1,230	1,132
9（ 8）	流 山 市 （千葉県）	4,067	4,353	-286	19（44）	吹 田 市 （大阪府）	2,162	1,052	1,110
10（14）	つくば市 （茨城県）	4,052	3,154	898	20（17）	大 和 市 （神奈川県）	1,872	2,220	-343

　このように、日本全体でみると、人口が増え続けているエリアがあり、一方で人口が減り続けているエリアもあります。

❷ キャップレートの動向を把握する

さて、**不動産投資は、いわば「貸家業」**です。

人口が多ければ不動産の借り手が多いので、その「業」としての「リスク」は低くなります。逆に言えば、人口の少ないエリアでは、そのリスクは高くなるわけです。

まずは、**なるべくリスクが低い地域、そしてその中でどのエリアへの不動産投資をするかが、重要なポイント**になります。

また、リスクが高ければ（借り手が確実につくか不明のとき）、利回りは高くなり、一方リスクが低ければ利回りも低くなります。

自分の所有不動産のエリアでの**キャップレート（還元利回り）**もしくは買おうとしている不動産のエリアでのキャップレートが上がりそうか、または下がるおそれがあるかどうかの動向を把握し、予測しておくことも、非常に大切なことになります。

なお、新型コロナ感染の影響で首都圏からの転出超過を示すデータも発表されていますが、長期的に考えると、やはり社会的なインフラも整っている首都圏への転入超過は続くと思います。

不動産投資の場合、先にも書きましたが、「不動産」を買って貸す「商売」ですから**長期的な視野で計画を立てる**必要があります。**どのような人が借りてくれて**、その**適正な賃料**はいくらなのか。**稼働率**や**空室率**はどれくらいが予想されるのか。それらを総合的に判断できる**キャップレート**は何％なのかなど、賃貸業に精通していないとわからない部分が多々あります。それらの数字の信憑性が不動産投資では大切なのです。つまり不動産投資の優劣、合否は**買うときに決まってしまう**といっても過言ではありません。

多くの失敗事例の相談を受けてきてわかっていることですが、そのほとんどがどこかで操作された数字を基に投資してしまっています。高値賃料でのサブリースや無謀な想定賃料を基にした広告で購入してしまったもの、そして購入してすぐに空室に悩まされて破たんしてしまうなど

です。

　不動産投資やアパートなどの建築などでは、一般的なサラリーマンや地主などのほとんどの人が素人です。

　不動産投資で一番大切なのは「利は元にあり」という言葉もありますが、購入する物件、建築するエリアの**市場分析**が必要なのです。

基礎編

第**2**章　人口の推移とキャップレート

不動産の儲けを表す利回りって何?

利回りの計算の仕方は、いろいろあります。

最も簡単に言うと、**購入物件の価格に対して得られる年間賃料の割合**ということになります。

① 表面利回り

たとえば、**図表1-3-1のように4世帯のアパート**で、**4室中3室は入居者**がいます。

2階部分の賃料は、**201号室が5万円**、**202号室が6万円**、1階部分の賃料は、**101号室が7万円**、**102号室は、空室**だったとします。

そして、この**中古アパートの購入金額**が3,000万円です。

さて、**この物件の利回りは、何パーセントになるでしょうか。**

図表1-3-1

表面利回り

201号室	202号室
5万円	6万円
7万円	空室
101号室	102号室

購入価格 3,000万円
4世帯・中古アパート

まず**満室想定賃料**について説明します。

入居者がいる部屋は現行賃料、空室ならば想定賃料つまり募集賃料あるいは自分で値付けした**設定賃料**ということになります。

満室想定とは、その物件の現状の賃料と募集賃料の合算したものになります。ですから、その想定賃料は、さまざまに設定できます。

図表1-3-2

満室想定賃料（現状＋空室は募集賃料など）

① 101号7万円 <u>102号5万円</u> 201号5万円 202号6万円＝<u>23万円</u>／月
年276万円÷3,000万円＝表面利回り① <u>9.2%</u>

② 101号7万円 <u>102号6万円</u> 201号5万円 202号6万円＝<u>24万円</u>／月
年288万円÷3,000万円＝表面利回り② <u>9.6%</u>

③ 101号7万円 <u>102号7万円</u> 201号5万円 202号6万円＝<u>25万円</u>／月
年300万円÷3,000万円＝表面利回り③ 10.0%

基礎編

第**3**章 不動産の儲けを表す利回りって何？

　たとえば、**図表1-3-2①の場合、101号室は現行賃料7万円、102室は現在、空室**です。

　では、**その空室の賃料をどうしますか。**

　他の201号室の現行賃料が5万円、202号室の現行賃料は6万円ですので、**空室の102号室は一番低い賃料水準にして、想定賃料5万円**としたとします。

　すると、このケースの場合、**満室想定賃料は月23万円、年間では276万円**となります。

　その**276万円を物件購入価格3,000万円で割り戻すと表面利回りは、9.2%**になります。

　次の②の場合、貸し出している部屋の賃料は、現行賃料です。

　空室の102号室は、6万円で借り手がつくかもしれないとして、

　満室想定賃料は、月額24万円になり、前例より1万円上がります。**年額では288万円**となります。

　それを**物件購入金額3,000万円で割り戻すと、表面利回りは9.6%**になります。**前例より0.4%上がり**ます。

3番目の③の例は、空室の102号室は、101号室の賃料が7万円なので、同様に7万円としてみます。

　　満額想定賃料は、月額25万円、年額で300万円になります。

　　それを物件購入金額3,000万円で割り戻すと、表面利回りは10.0％になります。

　　最初の例と3番目の例では、月額の想定賃料が2万円上がったことで、表面利回りの印象がはっきり違ってきます。

　　つまり、利回りは、想定賃料の設定により、かなり異なってくることがわかります。

② 賃料引き直し

さて、ここで大事なことがあります。それは、**賃料引き直し**です。

つまり**全部の部屋で入居者が退去したら、またいくらで貸せるのか**を考えてみることです。

図表1-3-3

賃料引き直し
（いま全部退去したらいくらで貸せるのか？）
表面利回り

購入価格 3,000万円
4世帯・中古アパート

---

①たとえば、今このアパートで**すべての入居者が出て行った場合**、改めて**相場から判断して賃料は各5万円**になるとします。その家賃の総計を**潜在総収入**といいます。

その**潜在総収入**は、**5万円×4部屋で月20万円。年額では240万円**になります。

それを**物件購入金額で割り戻した場合、表面利回りは8%**になります。

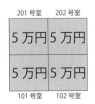

201号室　202号室

5万円　5万円

5万円　5万円

101号室　102号室

潜在総収入（いま全部退去したらいくらで貸せる？）

① 101号5万円　102号5万円　201号5万円　202号5万円＝<u>20万円／月</u>
　年240万円÷3,000万円＝<u>賃料引き直し（5万円）での表面利回り①　8%</u>

② 101号6万円　102号6万円　201号6万円　202号6万円＝<u>24万円／月</u>
　年288万円÷3,000万円＝<u>賃料引き直し（6万円）での表面利回り②　9.6%</u>

③ 101号7万円　102号7万円　201号7万円　202号7万円＝<u>28万円／月</u>
　年336万円÷3,000万円＝<u>賃料引き直し（7万円）での表面利回り③　11.2%</u>

---

②次にその**家賃を各6万円**にした場合の**潜在総収入は、月額24万円。**
年額288万円になります。
それを**3,000万円で割り戻す**と表面利回りは、**9.6%**です。1.6%
も利回りが上がりました。

---

③そこで、そもそも今までは101号が7万円で貸せていたわけですか
ら、すべての部屋を7万円で貸せるのではということで、**4室すべ**
て賃料7万円とします。その**潜在総収入は、月額28万円、年額**
336万円になります。**表面利回りは、11.2%**です。

つまり、賃料設定により、利回りは大きく変わってくるということで
す。

③ 新築アパートの値付け

　そこで、今度は、中古のアパートではなく、**新築アパートの値付け**について考えてみましょう。

　中古のアパートの場合は、現在の入居者の賃料が、目安になります。しかし、新築の場合の賃料の値付けは、難易度が高くなります。

　結論から言えば、**賃料の値付けは、相場賃料での計算が原則**です。つまり、**新築プレミアム（新築物件のときだけ高値で貸せる部分）もしくは家賃保証は考慮しないことが非常に重要な点**になります。

図表1-3-5　　　　購入価格 4,000 万円 4 世帯一新築アパート

相場賃料での計算が大切
☑ 新築プレミアムや家賃保証は考慮しない

　たとえば、**4世帯の新築アパートで購入価格が4,000万円**の物件があるとします。

　その物件の売主業者または関連のサブリース会社が「**1室あたり8万円の家賃保証をします**」と言ったとしても、それらの企業の保証がいつまで続くかはわかりませんし、倒産してしまうかもしれません。

　また、**新築の場合、家賃は高めに設定されている**場合が往々にしてあります。

　その**新築プレミアムがなくなったとき、その物件に借り手がつく賃料は、いくらなのかがポイント**です。

サブリース会社が問題ということでは、ありません。

サブリース会社が売主会社に忖度して高めの賃料の設定をしている場合がありえますし、新築プレミアムによる賃料の高めの設定もありえます。

要は、**それらの賃料で利回り計算をしてはいけない**ということです。

201号室　　202号室

図表1-3-6　　☑ サブリース会社の保証賃料　　×

☑ 新築プレミアム　　×

☑ 相場賃料でいくらかが大切　　○

201号室	202号室
?万円	?万円
?万円	?万円
101号室	102号室

101号5万円　102号5万円　201号5万円　202号5万円＝20万円/月
年240万円 ÷4,000万円 = 賃料引き直しでの表利回り6%

つまり、**利回りの計算は、相場の賃料で行うこと**が大切です。

そこで、先ほどの新築アパートの場合です。

　4部屋の賃料は各5万円だとすると、

潜在総収入は、月額20万円。年額にして240万円になります。

　それを物件購入価格4,000万円で割り戻すと、

表面利回りは6%です。

---

④ 実質利回り（NOI）

　さらに厳密にいえば、**表面利回りだけで、不動産の良し悪しを判断するのは、危険**が伴います。

　たとえば、先ほどの**図表1-3-6**の例で、潜在総収入が240万円の物件には、実は**経費**がかかっています。

　具体的には、**空室損、入退居費用および運営費（ビルメンテナンス料、共用部分の光熱費、固定資産税、都市計画税、賃貸管理手数料、火災保険料など）**がかかります。

　それらを潜在純総収入から引いた**営業純利益（ネットの収入）が本来の収入**になるわけです。

　また、**購入した物件の価格にも別途費用**がかかります。**購入時諸費用または中古の物件の場合の修繕費**などです。

　そこで、次の**図表1-3-7**の左側のように**潜在総収入240万円の物件から空室損、入退居費用および運営費36万円を引いた204万円が営業純利益**になります。

図表1-3-7

そして

潜在総収入	÷	物件価格＝	表面利回り
（240万円）		（4,000万円）	（6%）
↓		↓	
空室 運営費		購入諸費用 修繕費用	
（36万円）		（300万円）	
↓		↓	利益率
営業純利益 （ネットの収入）	÷	総投資額＝	実質利回り FCR
（204万円）		（4,300万円）	（4.7%）

図表1-3-7の右側の購入物件価格4,000万円に購入時費用または修繕費の合計300万円を加えると**総投資額は4,300万円**になります。

　　つまり、**潜在総収入240万円を物件購入価格で割り戻した表面利回り6%を基にして購入物件の良し悪しを判断するのではなく、そこから空室損、運営費など36万円を差し引いた営業純利益204万円を、実際に物件購入にかかった経費を加えた総投資額つまり物件価格4,000万円に300万円の購入時諸費用・修繕費を加えた4,300万円で割り戻して得た利益率（実質利回り）**が何パーセントになるかが重要になってきます。

　　この場合は、**営業純利益204万円を総投資額4,300万円で割り戻すと実質利回り（FCR）4.7%**になります。

5 不動産購入に係るまとめ

不動産を購入しようとする場合の重要なポイントは、次のとおりです。

① 利益率・実質利回り（FCR）で判断する

そのためには、該当の「取引相場」を知ることが重要

② 想定賃料、空室率、経費次第で「利回り」は大きく変わる

だからこそ、前記①の実質利回りを割り出すことが重要

③ 「利回り」は、リスクの裏返しと知る

利回りが高くなるとリスクも高くなります。つまり、その利回り設定でないと買う人がいないということです。必ずしも高ければ良いということではありません。

基礎編

第3章 不動産の儲けを表す利回りって何？

投資分析を徹底的に理解する

① 不動産投資の仕組みを知る

> **不動産投資の収益構造を理解しよう！**
> **投資指標や共通言語を理解しよう！**

　上手に不動産投資を進めて資産を拡大していくには、不動産投資の収益構造を理解する必要があります。そのためには、不動産の投資分析を自分でできるようにしておきましょう。

＊さらに理解を深めていただけるよう、YouTubeの「ＣＦネッツセミナーチャンネル」で不動産投資のさまざまなノウハウを提供しています。

　そこで**投資指標**について理解しておく必要があります。

　「難しそう」と思われるかもしれませんが、基本は単純な算数ですので慣れれば大丈夫です。投資分析がある程度理解できれば、

　「この不動産を買おうと思っていたけど、計算するとお金が残らない」

　「この利回りは相場と比べて低い高いのでは？」といったことがわかるようになってきます。

　キャッシュフローツリーや投資指標といった不動産投資の世界での共通言語を理解すると、不動産投資会社の営業マンにも惑わされなくなるはずです。

　「この物件はいいですよ」

　「場所がいいですよ」

「利回りが高いからいいですよ」といった具合に、

いい話ばかり聞かされるだけでなく、**自分で判断がつくようになります。**

少なくとも「キャップレート」という言葉さえ知らない業者から買うのは危険です。

また、キャッシュフローツリーや投資指標など、とっつきづらい不動産投資に係る共通言語に慣れておくことも大切です。投資の営業電話がかかってきたときでも、**情報の良し悪しを判断できるようにしましょう。**

基礎編

第 **4** 章　投資分析を徹底的に理解する

❷ キャッシュフローツリーを知る

不動産オーナーまでの道のり

（銀行事前審査）
1　物件探し
2　投資分析
3　下見
4　買付け
5　銀行事前審査
6　契約
7　銀行融資本申込
8　金銭消費貸借契約
9　決済
10　管理業務委託契約

①物件探しの前に銀行を押さえておく

　キャッシュフローツリーについて、具体的に説明していく前に、オーナーまでの道のりは、基本的には上の**図表1-4-1**のような流れで進むことを知っておいてください。

　ただし、現金購入でなければ**先に資金調達を受ける銀行を押さえたうえで物件を探し、いい物件があったら投資分析し、見に行ってその物件を買い付ける、という流れ**が現実的です。

　このような手順を踏んでおかないと、他の買い付け者と競合した場合、そちらを優先されることが多々あります。

　特に自分が良いなと思う物件は、他の投資家にとっても良い物件であることがほとんどですから、競合相手に勝つためにも事前の段取りである**図表1-4-1**の「5　銀行事前審査」が重要なポイントになります。

②まず資金の総額を明確に！

図表1-4-2

まず投資の総額を明確にする

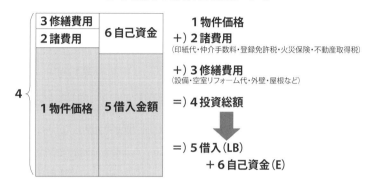

　それでは、不動産投資を行うにあたり、まず**投資の総額（物件価格＋諸費用＋修繕費用）**を明確にしましょう。

　投資物件だと、**物件価格**に対しての**諸費用**は、だいたい７％から８％がひとつの目安です。

　修繕費用は物件の状況によって変わりますが、中古の物件を購入される場合には、あらかじめ修繕見積りを確認しておくと良いでしょう。

> 　たとえば、**物件価格**が5,000万円で、
> **諸費用**が400万円、
> 加えて、**修繕コスト**（中古のアパートなどで鉄部の塗装や給湯器の取り換え費用）で100万円がかかる場合、
> **投資総額**は5,500万円ということになります。

　こうして物件金額、諸費用、修繕費用がわかり、投資総額が出たところで、いったい自分はどれほど借入れができるのかと通常は考えます。

　しかし、先ほど解説したとおり、できれば**借入れできる金額は、物件探しをする前に、先に確認しておきます。**

仮に、**投資総額**　5,500万円の物件で
　　　　借入れ金が　4,500万円の場合、
　　　　自己資金　1,000万円程度が必要になります。
　ところが、仮に自己資金が500万円を前提で物件探しをされる人にとっては、そもそも5,000万円まで融資を受けられないのであれば、この規模の物件は購入できないということになります。

　つまり、**自分が銀行からどれぐらいまで借りられるのか、ということを先に押さえておかないと、買える物件の上限がわからない**のです。
　まずは調達可能な融資額を把握したうえで、手元の自己資金をどこまで出せるのかによって、購入を検討できる物件価格の上限額が決まってきます。
　投資の総額を明確にしたうえで、物件価格の何割まで融資を受けるのか等、どういう資金計画で進めるのか、ということを考えなければなりません。
　たとえばＡさんが金利2.2％で30年の融資が受けられたからと言って、Ｂさんも同じ融資が受けられるというものではありません。購入する物件の評価額と購入する人の「**個人的属性**」を総合的に判断して金融機関は決まってきます。極端な例ですが、さんざん高額なセミナーなどに参加し、不動産投資の勉強を積み重ねてきて、いよいよ不動産投資をしようと考えたところ、金融機関の借入れが一切できなかったという人もいます。また最近では、その人の勤め先が従来は優良企業だったので有利な条件で借入れができましたが、現在は融資が不可ということも出てきています。したがって**金融機関の事前審査**は大切なのです。だからといって個人的に金融機関の一般的な窓口で相談しても、その窓口の人がアパートローンに精通しているわけではありませんから、うまくいくはずはありません。
　私自身も長く不動産コンサルを行ってきていますが、この**事前審査をどこの金融機関に持ち込めば一番有利な回答が得られるか**が難しい仕事

なのです。金融機関の事情によってすんなり融資が受けられるときもあれば、同じ金融機関でも、すごくハードルが上がってしまうこともあります。

　この部分については、真剣に不動産投資を考えられている方は、ぜひ、ご相談いただいたほうが良いと思います。

③相場での収入を計算しておこう

図表1-4-3

キャッシュフローツリー（CPM流投資分析）

	GPI（潜在総収入）	
−)	空室・未回収損	
	EGI（実効総収入）	
−)	OPEX（運営費）	
	NOI（営業純利益）	
−)	ADS（負債支払額）	
	BTCF（税引前キャッシュフロー）	

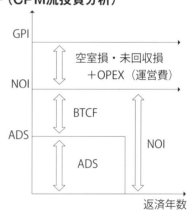

各略語の正式名称

GPI（Gross Potential Income）グロスポテンシャルインカム
EGI（Effected Gross Income）エフェクテッドグロスインカム
OPEX（Operating Expenses）オペレーティングエクスペンシス
NOI（Net Operating Income）ネットオペレーティングインカム
ADS（Annual Debt Service）アニュアルデッドサービス
BTCF（Before Tax Cash Flow）ビフォアタックスキャッシュフロー

　物件購入後に引渡しを受けたその日、賃貸中の物件であったとしても、入居者全員が退去するということもありえます。

　また、古くから住んでいる入居者は今と比較して高い賃料で入居していることもありますので、次の入居者募集時には賃料が大きく下落して

しまうこともありえます。

1）こうしたケースを事前に想定する

　潜在総収入（GPI）といって、**相場ではいくらで貸せるのか**を出しておく必要があります。

　そこから、エリアの空室率と未回収損（次項で詳説）のリスクを控除し、

　実効総収入（EGI）を出し、

　運営費（OPEX）として、

　・固定資産税や賃貸管理手数料、共用部の光熱費

　・区分マンションであれば管理費や修繕積立金

　などを引いて、初めて**営業純利益（NOI）**がわかります。

　さらに、銀行からお金を借りている場合は**負債支払額（ADS）**を引いて、

　税引き前の収入（BTCF）が残るわけです。

　これらの数値をすべて**年間**で計算します。

　当然ながら売り手はなるべく高く売りたいので、利回りをよく見せようと、想定賃料を高くしがちです。

　しかし、買い手としては、**賃貸業者をヒアリングしたり、賃貸系のサイトで相場を調べたりして、相場の賃料で計算する必要**があります。

　とくに**遠方の物件を購入する場合**、注意が必要です。

2）満室想定賃料と潜在総収入の違い

　たとえば、次の**図表1-4-4**のように、

　4世帯のアパートで、5万円、6万円、7万円で3室が埋まり、

　残り1室を5万円で募集している場合、

　満室想定賃料は月23万円、年276万円になります。

　こういう広告図面はよくあります。

しかし、この既存の**居住者が部屋を出た場合はいくらで貸せるのか**、ということを考えなければいけません。

図表1-4-4

「満室想定賃料」と「潜在総収入（GPI）」の違い

いま、全部入れ替わったらいくらで貸せるか？

満室想定賃料
＝23万円/月（年276万円）

現況賃料
＝18万円/月（年216万円）

	201号室	202号室
	5万円	6万円
	7万円	
	101号室	102号室

5万円で募集中

5万円	5万円
5万円	5万円

潜在総収入（GPI）
＝20万円/月（年240万円）

仮に**相場賃料が5万円**とすると、このアパートの**潜在総収入は月20万円、年240万円**という前提で計算していく必要があります。

身内や関連業者を住まわせて、高く賃料を取っていることにして、少しでも利回りをよく見せようという**「偽装入居」**ということも過去にありました。そんなこともあるからこそ、今の**居住者が退去した場合に、実際にいくらで貸せるのかが重要**なのです。

コラム

◆1階の中部屋は避けるのが賢明

新築アパートを企画する際などに賃料設定を考える場合、基本的には日当たりの良い上層階の角部屋を一番高く設定し、そこから順番に低く落としていくのが一般的です。

通常は、賃料が一番安いのは1階の中部屋です。他の部屋に比べて入居付けにも苦労しがちなので、区分のワンルームを1戸だけ買いたい場合は、なるべく上の階で日当たりが良いところにするなど、より貸しやすい部屋にこだわったほうが良いでしょう。

④未回収損には要注意!

賃料設定をしたら、**空室率**と**未回収損**について考えます。

空室率は、調べるしかありません。

近隣の同じようなアパートを調べる手もありますが、早いのは、**同じエリアの物件の稼働率について、管理会社にヒアリング**することです。ほかには、地場の業者に聞くといった方法もありますが、担当者によっては強気や弱気にバイアスがかかっている可能性もあるので、他の情報との整合性をもって検証する必要があります。

　また単に調べると言っても、**ヒヤリング先の人の信用度合い**も重要です。

　家賃滞納による未回収損もみておきましょう。

　レストランでお金を払わなかったら通報されますが、家賃の場合、1ヶ月払わなくても警察は介入してはくれません。

　契約解除通知の内容証明を送ったり、賃料督促と建物明渡し請求の裁判手続をしたり、出ていってもらうのに1年以上かかる場合もあります。しかも、裁判を起こして、強制執行をすると、費用が100万円以上もかかってしまうこともあります。

　とはいえ、手数料を負担すれば、滞納保証については賃貸管理会社がやってくれることが多いので、リスクヘッジしておく方法もあります。

コラム

◆保証会社が連帯保証

　今は「保証人のかわりに、保証会社が連帯保証するケースもあるので、滞納があっても大丈夫だろう」と言う大家さんもいます。

　しかし、逮捕・拘留中や、事務所または店舗使用の場合は例外で、裁判費用もオーナー負担ということもあるので、前述の賃貸管理会社の保証内容とあわせて、こちらも注意が必要です。

＊私が推奨するCFビルマネジメントは、裁判費用や強制執行費用まで、すべてが保障されるので安心です。

---

⑤実態に合う空室率は「賃料ベース」

　空室率には、「時点ベース」

　　　　　　　　　「稼働ベース」

　　　　　　　　　「賃料ベース」　　　　　　　があります。

　まず「**時点ベース**」とは、**賃料表の現在のところをみて、アパートで10室中1部屋空いている場合、空室率10%**として計算することです。

　次に「**稼働ベース**」とは、**実際どれほど稼働しているか**をみるものです。

　たとえば、**10部屋ある場合、年間の稼働は12ヶ月を掛け算した120ヶ月**（10室×12ヶ月）になります。

　このうち、**空いていた期間が8ヶ月分あった場合、**

　8ヶ月（2室×4ヶ月）÷120ヶ月で稼働ベースの空室率は6.7%という ことになります。

　最後に「**賃料ベース**」は、**1年間通して入るべき賃料と、実際に入ってきた賃料から、空室率を割り出す方法**です。

　今は「**フリーレント**」という引っ越し時の初期費用を少しでも安く見せようとする入居促進の手法で、「**1ヶ月（以上の場合もある）分の家賃は要らないから入ってください**」といったケースがけっこうあるので、これが**一番実態に合っている**と思います。

　中古の物件購入を検討する場合には、可能であれば売主側に直近数年分のレントロールを開示してもらいましょう。

🔑 **コラム**

◆物件を売却する場合、付属書類と賃貸表と広告が肝心

　売却するときのことを考えれば、**購入時に貰った物件の付属書類（建築確認済証や検査済み証、設計図書など）はしっかり取っておく**ことをおすすめします。

　きちんと維持管理されていた物件であるという買い手への心証もありますし、金融機関によっては、それらの付属書類の有無が取組み可否を分けるということもあります。

　広告では図面も重要で、間取りは当然ながら、建物外観写真や固定資産税などの支出している運営費（OPEX）も記載したほうが、より買い手の検討スピードを速めてくれるでしょう。

　また、自社の顧客で成約したいがために、インターネット広告で同業他社へ情報開示がされていないケースもあります。なかなか入居や売却が決まらないときは、**しっかり広告されているか、広告に不備がないか確認したほうが良いでしょう。**

◆広告していない空室は購入のチャンスかも

買おうとしている物件が空室の場合、広告をしているのか、していないのかを調べる必要があります。

広告をしていても空室になっているのは、その部屋に魅力がないか、設定賃料が高すぎるのか、また他に何か問題があるのかもしれません。

もし広告されていなかった場合をチャンスとみることもできます。

募集していないから空いているだけであって、しっかりした広告で募集をかければ埋まるはず、と確信できれば、前向きに検討してもいいでしょう。しかも、「空室だから、値下げしないと悪いかな」と思う売主もなかにはいるので、値下げ交渉をする余地もあります。

頭に入れておきたいのは、空室の理由を尋ねたときに売主が「広告をしていないからですよ」という場合でも、実際にはそうではないことがあるということです。

試しにインターネットで検索してみると、普通に募集していて、よくよく調べてみたら、入居者が決まらない理由は、広告のせいではなく物件自体に何か問題があるというケースもあります。

言われたことを鵜呑みにしないで、自分で調べてみるようにしましょう。

◆賃貸する場合、鍵の保管場所に注意

賃貸に向けた話になりますが、**鍵の貸し出し対応も重要なポイント**です。

今でも同様の管理会社はあると思いますが、私が以前賃貸仲介の営業をやっていた時代に「お客様を案内したいので、部屋の鍵はどこにありますか?」と業者に問い合わせた際「事務所に置いてあるので、ここまで取りに来てください」と言われるケースがよくありました。

実際に物件が所在するエリアにある管理会社へ鍵を借りにいくならまだしも、かつて横浜の物件の内見依頼で業者さんに電話したら、「事務所は東京なのですよ。鍵は新宿まで取りに来てください」と片道1時間かかるのに言われたことがあります。当初は部屋を見てみたいと言っていたお客様も、「それなら結構です」と苦笑いされたものです。

できれば鍵は近くのキーボックスなどで保管しておかないと、物件を案内してくれる業者も「あの管理会社の物件は面倒くさいから紹介することはやめておこう」といったことが起こってしまいます。

すでに物件を持っているけれども、なかなか空室が埋まらない……こういう場合、ひょっとしたら、鍵をとんでもない場所に置いているということもあり得ます。十分に気をつけてください。

◆購入したら物件での貼り紙にも注意が必要

「ここで痰を吐かないでください」「おしっこしないでください」「痴漢に注意!」といった貼り紙があると、**部屋を見に来た人、もしくは購入検討に来た人に対して何だか雰囲気が悪そうなイメージ**を与えてしまいます。

入居マナーに対する注意喚起はできるだけ個別にポスティングするほうが望ましいでしょう。

◆室内も定期的に確認

　空室の状態が長期間続くと、排水管の封水が途切れて、部屋まで匂いが逆流してくることもあります。

◆自販機などの雑収入も考える

　不動産投資では、家賃収入以外にも、ほかに雑収入を得ることも考えましょう。**敷地内に自動販売機やコインランドリー、駐車場、バイクガレージ、看板、中継局アンテナ、太陽光発電などを併設できるのであれば、賃料収入以外の雑収入**を得ることができます。

　このうち、最も頭に浮かびやすいのは自動販売機ですが、最近、設置条件が厳しくなってきています。背景には、コンビニの安くて味の良いコーヒーに顧客を奪われ気味で、自動販売機の缶コーヒーは売れなくなっていること等もあるようです。

　しかし、ロケーション的に問題がなければ、このあたりに設置できないかと、自販機業者に聞いてみることも検討します。設置が可能であれば、自販機収入を継続的に上乗せすることができます。ほかにも、何らかの雑収入を取れないか、探ってみても良いでしょう。

⑥運営費（OPEX）について

　不動産を所有すると、**運営費（OPEX）**がかかります。いったい、どういったことにお金がかかるのでしょうか。

1) 運営費で大きなものは**固定資産税**と**都市計画税**

　たとえば、車を所有していると自動車税がかかり、毎年5月くらいに支払わなければいけません。不動産を持っていても同じです。

　地方自治体によって若干ずれはありますが、やはりそれくらいのタイミングで、固定資産税と都市計画税の納税通知書が届きます。

　中古の物件の購入を検討される場合には、**売主側の仲介会社に「今年の固定資産税の納税通知書の写しをください」と依頼**するのが良いでしょう。そこに金額が載っているので、運営費としてどれだけかかるかがわかります。本来、**税金は**運営費ではありませんが、**確実にかかってくる経費**ですので、計上して計画します。

2) **賃貸管理手数料**を正確に把握する

　賃貸管理手数料も、運営費（OPEX）の1つです。

どこの管理会社に部屋の管理を任せるかによって違いますが、だいたい**滞納保証付きで5%から7%**ぐらいです。

サブリース、空室保証の場合は10%から20%の手数料がかかる場合があります。

> ### 🔑 コラム
>
> **◆管理手数料はいくら?**
> 　中古の区分ワンルームやアパート、1棟RC造マンションの購入を検討されているのであれば、「**管理手数料はいくらですか?**」と仲介会社や管理会社にヒアリングするのが良いでしょう。
> 　また、管理状態や入居状況が悪いなど問題がある場合は、管理会社を変えることをおすすめします。
> 　なかには**簡単に管理を解約できない契約になっていること**があります。事前に今の所有者と管理会社との**管理業務委託契約書**を確認するようにしましょう。
> 　手数料はいくらなのか、どういう契約を交わしているのか、解約するための条件など、そのあたりを確認しておくことが大切です。

3）1棟アパートや1棟マンションでは、**BM費用（ビルメンテナンス費用）**がかかる

消防設備点検や、受水槽があるマンションでは**受水槽法定点検**や**定期清掃**、エレベーターがある場合は**保守点検費用**なども必要になります。

木造アパートよりも、1棟RC造マンションのほうが受水槽やエレベーターなどの機械設備が多いので、運営費は多めにかかります。

こうした機械設備のなかでは、**機械式駐車場は相当大きな金額が必要**になります。

共用部分の光熱費や、**散水栓にかかる費用**なども必要で、区分マンションの場合は、**マンションの管理会社への管理費や管理組合に積み立てる修繕積立金**もかかります。

ビルメンテナンス費用に関して1棟マンションの場合、**東京都内で価格2億円以下の規模のマンション**なら、エレベーターがない前提で、受水槽の法定点検費用や日常清掃などを含めると、**月額3万5,000円**か

ら**4万円程度**です。

　もちろん、**清掃頻度や清掃時間**を長く確保したりすると費用は増加します し、**機械設備が増えると点検費用**も増えていきます。

　その物件によって大きく異なりますので、**しっかり計画を立てる**必要 があります。

🔑 コラム

◆条例によって建物周りに植栽

　地域によっては、アパートを新築すると、**条例によって建物周りに植栽しなけれ ばいけないこと**があり、これにも剪定や清掃などの維持費用がかかります。

◆ゴミ出しにも注意が必要

　以前、取引しようとした中古アパートの敷地内にゴミ置き場があったものの、**実 は収集車が回収には来てくれなくて、管理会社が近隣のゴミ捨て場までゴミを捨て ており、別途そのためのコスト**がかかっていた、という事例もありました。

　また、**敷地内にゴミ捨て場がない場合は、近隣のどこにゴミを捨てているのか確 認しておくことも大切**です。

　単身者タイプの物件の場合、ゴミ出しのマナーで**近隣とトラブル**になるケースも 多いため、新築アパートを企画する場合、可能であれば敷地内にゴミ置き場を設置 しましょう。

◆木造の1棟アパートの場合

　一般的には受水槽がないので、マンション等に比べて少しビルメンテナンス費用 は低くなります。

◆清掃費と点検費用

　掃き清掃と拭き清掃を月2回、1時間から1時間半ほどしてもらい、消防設備点 検もしてもらった場合、平均で月1万5,000円前後になります。

　清掃はもっと多くしたい、週に1回は入れたいといった場合は、もちろん費用が 増加していきます。

4）住宅総合保険への加入

　住宅総合保険（火災、地震保険などを含む）への加入も必要となります。 保険の補償範囲（火災、地震、風災、水災など）や免責金額などには注 意しましょう。免責金額を外しても保険料はそれほど増加しないことも

多いので、免責金額を外して加入されることをおすすめします。また、室内での死亡発生時の原状回復費用や賃料下落への損失補てんをしてくれる保険（孤独死保険など）もありますので、加入をおすすめします。

⑦運営費（OPEX）比率を割り出してみよう

　固定資産税、都市計画税、納税通知書については、実際の税額が載っている公課証明書や納税通知書をもらえればいいのですが、評価証明書しかもらえない場合もあります。

　評価証明書とは、税金の元となる土地と建物の評価額金額が載っている書類です。この書類から、税金を計算することもできます。計算式については国税庁のホームページでも確認できますので参考にしてください。

　ここまで**運営費（OPEX）**の項目について触れてきましたが、物件の種類（区分・アパート・マンション）や立地によって運営費比率は異なってきます。

　比較検討するためにも、運営費比率を把握することは大切です。

　次がその計算式なので、参考にしてください。

　運営費（OPEX）÷潜在総収入（GPI）＝運営費比率（OPEX比率）

模　擬　演　習

　運営費がどう違ってくるのか、規模の小さな1棟マンションと1棟アパートを比較してみましょう。

◆木造とRC、どちらを選ぶか

　次の**図表1-4-5**のように、価格や表面利回りも同じだとします。

　しかし、運営費は異なり、たとえば**受水槽**があるマンションなどでは、**法定点検費**がかかります。

　これに対して、木造は低層が多く、2階・3階部分を直結して水道水が出るので、この部分のメンテナンス費用がかかりません。

　こうしたことから、このような**マンションの運営費は120万円と、アパートよりも70万円も多く**かかってしまいます。

　これが響いて、**営業純利益（NOI）**もアパートよりもだいぶ低くなり、**ネットの利回り（NOI÷購入価格）**も1％以上低くなっています。

　実際に、「希望はRC造で、予算的に1億円超はちょっと厳しいので、1億円以下のRC造にしようかな」といった場合、運営費を計算してみると、運営費比率が高く、実質利回りが低くなることから、コスト倒れしてしまうケースがけっこう多くみられます。
＊「RC」とは鉄筋コンクリート

◆規模が大きくなると、運営比率は下がる

　次に、物件の規模によって、どのように運営費が変わるのか。ともにRC造の1棟マンションで、**5,000万円と1億円の2つのタイプを比較**してみましょう。

　表面利回りは同じ7％で、規模が2倍なので収入も2倍になっています。

　しかし、**運営費は2倍になっていない**ところに注目してください。

　実は規模が大きくなっていくと、**運営費比率は下がっていく**のです。このため、ネットの利回りも、5,000万円のマンションより1億円のもののほうがより大きくなっています。

　これに対して、**規模が小さいと運営費比率が高くなるため、購入時の自己資本比率が低い場合、どうしてもコスト倒れしがち**になってしまいます。

　最近のRC造は、ある程度規模が大きくないとコストをまかない切れないというのが相場観です。

　それくらい1棟マンションの価格が上昇していて、販売時の利回りが下がっているため物件をよく吟味しないと、運営費を払うとキャッシュフローが残らないような物件をつかんでしまうことになります。

構造によって異なる運営費

規模の小さい1棟マンションと同価格1棟アパートの比較

1棟アパート	5,000万円物件	1棟マンション
GPI 350万円	表面利回り7%	GPI 350万円
EGI 332.5万円	空室損 5%想定	EGI 332.5万円
50万円	**OPEX**	**120万円**
NOI 282.5万円		NOI 212.5万円
5.65%	ネット利回り	4.25%

※固定資産税、受水槽設備やエレベーター等のコスト負担が大きいマンションは、規模が小さいと実質利回りを下げる原因となる。そのため、1棟マンションの場合、ある程度の規模の大きさがないと、相場並みの利回りで取得したとしても**コスト倒れしてしまう危険性**が高い。

規模が拡大すると下がる運営費率

5,000万円の1棟マンションと1億円の1棟マンション比較

5,000万円	1棟マンション	1億円
GPI 350万円	表面利回り7%	GPI 700万円
EGI 332.5万円	空室損 5%想定	EGI 665万円
120万円	**OPEX**	**160万円**

34%	運営費比率（OPEX÷GPI）	23%
NOI 212.5万円		NOI 505万円
4.25% ➡	ネット利回り ➡	**5.05%**

※**物件規模が大きくなることで、運営比率が下がる。**単純に規模が倍になったからといって、運営比率までは倍にならない。となると、1棟マンションの場合、機械設備が多く運営比率が高くなりがちのため、一定規模以上でないと採算が合いづらい。

⑧不動産投資の大原則「V＝I/R」

運営費（OPEX）の洗い出しができると、それを**実効総収入（EGI）**から引くことにより、初めて**営業純利益（NOI）**が出ます。

現金で買っていれば、もしくはローン完済できれば、**税引き前のキャッシュフロー（BTCF）**とイコールです（**NOI＝BTCF**）。

しかし、銀行からお金を借りていると、次はお金を返さなければなりません。それで初めて、税引き前のキャッシュフローが出ることになります。

この**営業純利益（NOI＝ネットの収入）**を出す流れと合わせて、ぜひ知っておいてほしいのが、不動産投資における物件評価の大原則である**収益還元法（直接還元法）**です。

図表1-4-6

不動産投資における大原則
収益還元法（直接還元法）

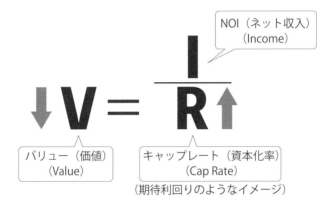

NOI（ネット収入）
（Income）

$$V = \frac{I}{R}$$

バリュー（価値）
（Value）

キャップレート（資本化率）
（Cap Rate）

（期待利回りのようなイメージ）

その時点での不動産の価値を出す**「V＝I/R」**という**計算式指標**があります。

たとえば、**このアパートは今、いくらが適正価値なのだろうと思ったとき、この計算式**で出すことができます。

その**エリアごとによる投資家が求める期待利回りを「キャップレート」**といいますが、**これは取引の積み重ねによって形成されていくもので、リスクの高いエリアほど求められるキャップレートは高くなり、リスクの低いエリアほどキャップレートは低くなり**ます。

これから不動産投資を始めようとされる人の中には、利回りの高い不動産を購入することが目的になってしまう人も多いかもしれませんが、**利回りにはリスクが反映**されているということを理解する必要があります。

そして、このエリアでは今、

・同じような物件の取引相場はどうなっているのか、
・どれくらいの価格で購入するのが適正なのか、
・どれくらいの金額で売却できそうなのか。

　こういったことを調べたとき、購入予定または売却予定の物件の**営業純利益（NOI＝ネットの収入）**を**キャップレート（資本化率＝相場の期待利回り）**で割ると、適正な購入価格や売却想定価格が見えてくるわけです。この計算式はぜひ覚えておきましょう。

　たとえば、ネット収入（NOI）が600万円の物件があったとします。そのエリアのキャップレートが6％のエリアであれば、600万円÷6％ですから1億円です。ところが、この物件のエリアのキャップレートが10％だとすると、その価値は6,000万円ということになります。このキャップレートの概念は、**リスクが低ければキャップレートが低く、リスクが高ければキャップレートも高い**というわけです。この数値は、繰り返しそのエリアで取引されるデータを基に決められていますので、恒久的な数値ではありません。また、取引事例の少ないエリアでは、参考となるキャップレートは算出できません。たとえば取引事例の多い首都圏のワンルームマンションなどはキャップレートは正確に把握できますが、**取引事例の少ない地方のアパート**などは**明確なキャップレートは把握できません**から、相場がわかりにくく、実際に売買が成立した価格で相場が形成されていくため、**大きく数値が異なる**ことになります。これによって**流動性も鈍く**なったりします。

⑨「LTV100％」、全額融資もありえる

　不動産購入価格に対する借入金の割合を示す**LTV（ローン資産価値比率）**という不動産投資指標があります。
　要するに、**物件金額に対して、お金を何％借りるのか**ということです。
　この**LTV**は金融機関の融資状況によって変動しますが、金融機関に

よっては、以前は90%が上限だったのが、最近では100%融資というケースも珍しくなくなってきています。

　たとえば、以前は、１億円の物件に対して9,000万円まで貸していたのが、融資を受ける人の属性（勤務先や年収、資産背景など）に影響を受けることにはなるものの、今では１億円の融資を全額受けられる場合があるということです。

　それは、物件の価格査定は過去の取引事例を基にすることが多く、価格が上昇するときには査定が厳しく、価格が下降するときには査定が緩いという現象が起きるからです。

図表1-4-7

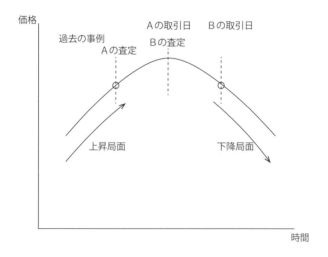

次の**図表1-4-8**の具体例のように、1億円のアパートを買おうとした場合で考えてみましょう。

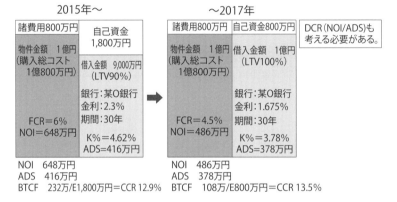

図表1-4-8

LTV（ローン資産価値比率）90%だと、頭金の1,000万円に諸費用800万円を加えて、計1,800万円の自己資金が必要でした。

しかし、**LTVが**100%なら、1億円の物件に1億円のローンがつくので、諸費用分の800万円の自己資金で取得できるということになります。

つまり、融資条件が緩和され**LTV**が高くなると、比較的少額の自己資金で取得できるようになるため、投資家の購入意欲も高くなってきます。

そうすると、売主側からすれば比較的売却しやすくなるため、それに伴い販売価格も上昇してしまいます。

たとえば、先ほどの1億円の物件を前提にすると、
ある金融機関では数年前に必要な自己資金は1,800万円です。
当時の私たちの取引データをもとに、**FCR（総収益率）**で6%を想定すると、
ネットの収入（NOI＝営業純利益）は648万円になります。
9,000万円を2.3%の30年返済で融資を受けたとすると、
金融機関への**年間返済額（ADS）**は416万円となります。

　この金額を引くと、**税引き前キャッシュフロー（BTCF）** で232万円になります。
　そのキャッシュフローを、1,800万円の資本金で割り戻したのが**自己資本利回り（CCR）** となります。

　昨今、物件の種類（区分・アート・マンション）やエリアにもよりますが、東京において利回りは低下傾向にあります。
　たとえば、5年前と比較しても、**FCR**においては6%前後で取引できていたものが4.5〜5%前後ぐらいになってきています。

　FCRが4.5%前提であれば**営業純利益（NOI）** は486万円です。
　ただし、5年前ではLTV90%が上限で借入れが9,000万円だったのが、LTV100%が可能になり、物件価格1億円に対して1億円の100%ローンが可能となっています。
　かつ、金利は1.67%で、最長35年（新築木造アパートという前提）という融資規定へと緩和されたので、
　借入額は9,000万円から1億円へと増えたものの**年間返済額（ADS）** は下がるということになります。
　返済が378万円なので、**税引き前キャッシュフロー（BTCF）** は108万円。キャッシュフロー自体は下がっていますが、自己資金が800万円で済んでいるのがポイントで、**自己資金のCCR**では13.5%に上がっています。

　とはいえ、融資条件や取引相場というものは、常に変動するものということを理解する必要があります。

　直近の事例では、この金融機関の金利は少し上昇し、**LTV（ローン資産価値比率）** も以前ほど100%の案件は、減ってきています。

　そして、**営業純利益（NOI）** が**返済（ADS）** に対して何倍あるかという指標「**DCR（負債支払安全率）**」も考える必要があります。

　上記の**図表1-4-8**の事例の場合、**NOI**486万円を**ADS**378万円で割った1.29が**DCR**です。初めての投資の場合は、**基本的にこのDCR1.3は確保**していただきたいと考えます。

⑩キャップレートを把握しておく

　最近はチラシや営業電話による売却の勧誘が本当に多くなっており、あの手この手で売却させようと営業活動をされている不動産会社もあります。

　融資が付きやすい市況になってくると、買いやすさ、売りやすさがあ

って、当然ながら値段が上昇して、利回りが下がってきます。

　こうしたなか、把握しておきたいのは、購入や売却を検討しているエリアの直近の**キャップレート（還元利回り＝相場の期待の利回り）**の目線の推移です。

　キャップレートは、営業純利益（NOI）を不動産の取引価格で割り戻して出します。

　NOI÷取引価格

　過去の取引を振り返ってみると、エリアによって若干異なるものの東京都内においては、2013年ころには中古のワンルームのキャップレートが６％前後でした。それが今では3.5％から4.5％まで下がっており、なかにはもっと低い利回りで取り引きされることもあります。

　タイプ別にみると、新築アパートは６％から6.5％でしたが、今では４％から５％です。

　中古アパートは７％から８％でしたが、今では５％から5.5％になっています。

　中古RC造マンションは5.5％〜６％前後でしたが3.5％〜4.5％という感じに、全体的に利回りが下がっていることを取引実務の現場で体感しています。

　この傾向を知ると、「今は買いたくない」と思う人が多いかもしれません。

　しかし、しっかりとした投資分析ができていないと、どんな市況の時にでも、やはり割高でも買ってしまいます。その逆に、全体的に相場が上がり、利回りが下がっているなかでも、割安で買っている人はいるわけです。

　どのような相場のなかでも、現状を分析することにより、なるべく出口で損をしないような物件を割安で取得したいものです。

　大切なのは、物件をしっかり見極めること。**確かな投資分析ができる**

ことによって、営業トークや広告などにまどわされずに、良い物件を取得できる可能性が高まります。

コラム

◆マンション価格が上昇すれば賃料も上昇するか
　では、賃料も比例して上がるかというと、またこれは違う問題です。日本の法律では旧借地借家法というのがあって、すぐに家賃を上げるのはなかなか難しく、短期的には価格が上がれば利回りが下がっていく傾向にあります。

　売り手はもちろん高く売りたいので、問い合わせを受けやすいように、いろいろなところに広告を載せて、物件の情報を流通させるようにしています。こうした広告やチラシを見ながら、「このあたりだと無理だな」「これぐらいは価格下がらないと」などと電卓を叩きながら相場などを見ながら分析に慣れることも大切です。

もうひと言

◆適正購入金額はキャップレートで決まる
　営業純利益が同じでも、キャップレートが異なる場合、その不動産の適正な売却金額は違ってくることを知っておきましょう。

　たとえば、2013年に営業純利益が60万円になる1,000万円の区分マンションを購入できていた場合、キャップレートは6%となります。
　営業純利益（NOI）60万円÷価格1,000万円

　その後、全体的に相場が上がり、2017年にはそのエリアのキャップレートも4%まで下がりました。
　売却想定金額は営業純利益（NOI）をキャップレートで割り戻すと出ます
　　$V = I/R$
　この1,000万円で購入した区分マンションは、営業純利益60万円÷キャップレート4%＝1,500万円（**V**）というわけで、今の売却想定金額は1,500万円ということになります。

　したがって、やはり直近のキャップレートの把握は大切なのです。
　とはいえ、日本において、一般の個人投資家が投資するようなエリアのキャップレートは未整備なため、なかなか情報の取得が難しいのが実状です。

　キャップレートの情報を入手するには、不動産投資に詳しい業者を何社かヒアリングするのも良いですが、当社（CFネッツ）の会員様向けのサービスにも、メールで物件

配信やFacebookなどのSNSを活用した収益物件下見速報がありますので、そちらで各エリアの投資物件の最新のキャップレート情報に触れていただくのも良いかもしれません。

⑪税引き前のキャッシュフローを洗い出そう

銀行からお金を借りると、ローンを返さなければなりません。

負債支払額（ADS）は、借入額と金利と返済期間で決まります。

今は住宅ローンの返済を計算してくれるサイトがいろいろあるので、すぐに調べることができます。1億円を金利1％の返済期間35年で借りた場合、月々いくら、年額いくらの返済が必要か、といったことをすぐに計算してくれます。

負債支払額（ADS） が確定して初めて、税引き前のキャッシュフローがわかります。

模・擬・演・習

昭和60年築、10世帯、5,000万円の中古木造アパートで考えてみましょう。

図表1-4-9
具体的な計算（1棟もの）・・・BTCF

■物件概要　　　　　10世帯木造アパート **（昭和60年築）**
■販売価格　　　　　5,000万円
■諸経費　　　　　　400万円
■購入総コスト　　　5,400万円
■借入　　　　　　　**4,500万円（LTV90％）**
■自己資金　　　　　900万円
■融資条件　　　　　**4.3％・返済期間30年**
■現況賃料　　　　　480万円（年間）
■相場賃料　　　　　450万円（年間）
■空室率　　　　　　**5％**（滞納リスクは管理会社負担）
■OPEX（運営費）　　**65万円**（年間）

	GPI（潜在総収入）	**37.5万円**×12ヶ月＝450万円
−）	空室・未回収損	450万円×5%＝22.5万円
	EGI（実効総収入）	450万円−22.5万円＝427.5万円
−）	OPEX（運営費）	65万円
	NOI（営業純利益）	427.5万円−65万円＝362.5万円
−）	ADS（負債支払額）	22万2,692円×12ヶ月＝267万円
	BTCF（税引前キャッシュフロー）	95万5,000円

まず、投資総額と資金計画を明確にすることが大切です。
銀行から借りられるのは4,500万円です。
諸費用が400万円かかるので、**900万円の自己資金**が必要です。
融資条件は金利4.3%、
返済期間は30年で、
金融機関へ返済するのは267万円ということになります。

　現況賃料は、相場の450万円よりも高い480万円ですが、この差額分はボーナスみたいなものだと思って、入り続けたらラッキーといった程度にとらえていたほうが良いでしょう。
　実際のキャッシュフローツリーは、相場賃料の450万円で試算していくことが大切です。

　空室率については、何社か管理会社をヒアリングして、このタイプのワンルームなら5%前後という情報を入手したので、5%に想定しています。

　潜在総収入（GPI）からこの空室リスク分の22万5,000円を引くと、**実効総収入（EGI）**が427万5,000円になります。

　ここからさらに控除する必要があるのは、**固定資産税、都市計画税、賃貸管理手数料、BM費用、日常清掃、消防設備点検、共用部光熱費、火災保険料（地震等含む）**です。

　こうした**運営費（OPEX）**を洗い出すと65万円でした。この金額を引くことによって、初めて**営業純利益（NOI）**が出ます。

　営業純利益（NOI）362万5,000円から、**負債支払額（ADS）**267万円を引くと95万5,000円。これが**税引き前のキャッシュフロー（BTCF）**となります。

　関係する数字を拾い出して、こういった流れで計算していきます。
　相場ではいったいいくらで貸せるのか、というスタートのところを間違えると、全然違う結果となってきますので注意が必要です。

コラム

◆税金はどれぐらいなのか

　不動産投資をする場合は、税金のことも考えなければいけません。

　不動産を個人で持つと、個人事業主ということになるので、1月～12月までの収益や経費を翌年の2月から3月に確定申告をして、4月末には税金を納める必要があります。

　このため、税金はどれぐらいなのかというところを計算できるようにならなければなりません。

　買ったのはいいが、出ていく税金のほうが大きかった……ということも実際にはありえます。

① **キャッシュフローの計算と、税金を計算する軸は別**です。

　　税金を計算する軸としては、経費を引いた営業純利益から、銀行に対するローン返済分の利息を引くことができます。

　　元利均等返済の場合、最初は利息の割合のほうが大きく、後になればなるほど小さくなっていきます。このため、控除できる部分がどんどん少なくなっていきます。

② **ローン返済の利息以外にも、税金の計算上、控除できるものがあります**ので順次見ていきたいと思います。

◆減価償却について

　不動産は、土地と建物に分かれます。

　たとえば、先ほどの5,000万円のアパートの場合、中古なので建物は仮に1,000万円としましょう。この場合、土地が4,000万円ということになります。

　建物はだんだん古くなっていくので、価値が下がっていく分、実際に支出になるわけではないけれども、これを経費として認めてあげようという制度が減価償却です（詳細は、051ページ参照）。

◆青色申告特別控除について

　青色申告の届け出を税務署に提出をすると、10万円の青色申告特別控除を認めてくれます。

　もし、所有している物件の数が5棟または10室以上の事業的規模の場合には、貸借対照表を作成するなどの要件を満たすことにより、65万円の控除を認めてくれます。

◆専従者給与控除について

　専従者給与というものがあります。

　事業的規模になると、税務署に届け出て、たとえば不動産大家業を奥さんに手伝ってもらって給与を払えば、その分を経費化することができます。これを「専従者給与控除」といいます（詳細は、054ページ参照）。

　こうして初めて、課税対象となる不動産所得がはっきりします。それに税率を掛けて納税額が決まり、税金が引かれることにより、**税引き後のキャッシュフロー（ATCF）** がわかるというわけです。

図表1-4-10

税引き「後」のキャッシュフロー（ATCF）

	NOI（営業純利益）
−）	**ローン利息**
−）	**減価償却費**
	青色申告特別控除
−）	**（10万円 or 65万円）**
−）	**専従者給与**
	課税不動産所得
×）	税率
	（所得次第）
	納税額

	GPI（潜在総収入）
−）	空室・未回収損
	EGI（実効総収入）
−）	OPEX（運営費）
	NOI（営業純利益）
−）	ADS（負債支払額）
	BTCF（税引前キャッシュフロー）
−）	**納税額**
	ATCF（税引後キャッシュフロー）

もうひと言

◆1　減価償却については、より詳しく知っておくべき!

　減価償却は重要なので、もっと具体的に説明しましょう。

　ひと口に不動産といっても、木造や軽量鉄骨造、RC造といった、さまざまな工法があり、減価償却の期間はそれぞれで異なっています。**図表1-4-11**に計算式を載せているので、チェックしてください。

図表1-4-11

減価償却費とは?

	NOI（営業純利益）
−）	ローン利息
−）	減価償却費
	青色申告特別控除
−）	（10万円　or　65万円）
	専従者給与
−）	（103万円以下設定が多い）
	課税不動産所得
×）	税率
	（所得次第）
	納税額

減価償却期間は何年?（建物）
- 木造22年
- 軽量鉄骨3mm厚以下19年
- 軽量鉄骨3mm超27年
- 重量鉄骨34年
- RC47年

見積り耐用年数（耐用年数省令3(1)）＝（法定耐用年数−経過年数）＋（経過年数×0.2）

※償却期間経過後の物件は法定耐用年数×0.2
※1÷減価償却期間＝定額法の償却費

購入価格のうち、**建物価格分は**、取得した時に全額必要経費になるのではなく、その資産の使用可能期間の全期間にわたり**分割して必要経費**となる。平成10年4月1日以後に取得した建物の償却方法は、定額法のみとなり、毎期均等額の減価償却費用を計上する方法となる。

たとえば、前記「摸擬演習」（044ページ参照）の昭和60年築の木造アパートの場合、**木造の法定耐用年数が22年**なので、もうその年数を超えています。
そうすると、償却期間経過後の物件は、
「**法定耐用年数22年×0.2**」なので4.4。**端数は切り捨て**られるので、4年が減価償却期間ということになります。

つまり、この建物1,000万円部分を4年かけて経費として計上してかまわない、というのが減価償却費の考え方です。

減価償却期間4年の減価償却率については、**減価償却率表**というものをみれば細かくわかりますが、「**1÷減価償却期間**」で**手早く**出すこともできます。

この木造アパートの場合、「1÷減価償却期間4年」なので、減価償却率は0.25%。1,000万円×0.25%＝250万円が毎年の減価償却費です。

まとめると、**営業純利益（NOI）362.5万円**で、減価償却費が250万円。
そして、**借入れ4,500万円の利息は、金利4.3%の返済期間30年だと、初年度は192万円となりますので、その金額も控除できる**ことになります。あとは、専従者給与控除を使うかどうかです（053ページ参照）。

◆2　減価償却費で不動産所得を圧縮───建物価格をなるべく大きく
　減価償却費で不動産所得を圧縮できるのなら、建物価格をなるべく大きくしたいと考える投資家は多いです。こうした場合、契約前に増額交渉を行うことも有効です。

たとえば、売買契約5,000万円で売主が個人の場合、
現実的な範囲内で多めの減価償却費が確保できるような建物金額の内訳を売買契約書に載せてもらえないか、
と交渉する手があります。

では、売主が課税業者でもなく売買契約書に土地建物の内訳を明記しない場合、個人が確定申告で税金の計算をする際の土地と建物の比率はどのように決められるのでしょうか？

　内訳を決めずに「売買価格5,000万円」などと、売買契約書を作った場合、確定申告に向けて、「**減価償却の対象となる建物の内訳をどうしたらいいのか？**」とよく質問されますので、次の項目として、ご紹介しておきます。

◆3　評価証明書の按分割合で決めるのが一般的だが
　内訳をつけるには、何らかの根拠が必要になります。

よく使われるのは、**評価証明書の按分割合**です。

評価証明書というのは、固定資産税の元となる登録価格が載っている書類です。役所で入手できます。

たとえば、土地の登録価格が2,000万円で、建物の登録価格が500万円だった場合、建物比率は20%になります。
この物件の売買金額が1億円だとしたら、建物比率の20%を掛けた2,000万円を建物価格として減価償却していくのが一般的です。

しかし、これは別に「こうしなさい」と税務署が決めているわけではありません。青色申告会などでは、この方法をすすめられることが多いのですが、必ずしもこれでやらなければいけないわけではありません。

建築価格表をみて、再建築する場合の1㎡当たりのコストを採用する方法もあります。
たとえば、平成元年築の木造アパートの場合、1㎡当たり12万3,100円なので、100㎡なら1,231万円。建物金額をより多く取れる場合には、この方法を採用される人もいます。

重要なのは、その建物金額を算出した数字の根拠が必要ということです。

◆4 消費税額から逆算して算出する方法

資産計上を消費税額から逆算して算出する方法がありますので、ここで紹介します。
不動産の売買契約書に土地・建物の合計金額が記載されていて、別途消費税の表記がある場合には消費税額から逆算して建物価格を算出します。

図表1-4-12

消費税額から逆算して建物価格を算定

不動産売買契約書
物件価格 1 億円
（消費税別途 500 万円）

消費税 500 万円 ÷10%＝5,000 万円
5,000 万円 ×1.1＝5,500 万円
（建物・税込）

10,500 万円 −5,500 万円 ＝5,000 万円が
土地の購入金額

土地購入にかかる消費税は非課税

消費税の計算上、土地は非課税のため消費税は課税されません。よって、消費税は全額、建物にかかるものになります。
よって、消費税が500万円であれば消費税率10%で割り戻した5,000万円が税抜本体価格となり、1.1倍したものが税込建物本体価格となります。

もうひと言

専従者給与についても、より詳しく知っておきましょう。

奥さんにも手伝ってもらって給料を払い、経費化して所得を圧縮する方法です。所得税の対象外になるのは103万円以下の収入です。

注意が必要なのは、この専従者給与を届け出ると、夫の扶養から外れて、配偶者控除を使えなくなることです。配偶者控除は現在最大で38万円ですから、どちらを選択するのが得なのか、計算して照らし合わせる必要があります。

5棟10室以上の事業的規模で物件を所有されている方になると、青色申告特別控除の65万円に加えて、専従者給与を使うことも可能になります。

これまで何度か登場した、5,000万円の中古木造アパートを例にして、具体的に計算してみましょう。

営業純利益（NOI）の収入から、ローン利息、減価償却費、青色申告特別控除、専従者給与を引くと、マイナス247万5,000円という課税不動産所得が出てきます。これがマイナスになると、税率が何％だろうが不動産所得部分には税金はかかりません。

個人名義で物件を買っている場合、不動産所得は総合課税となりますので、ほかの給与所得や事業所得などと不動産所得のマイナス部分が相殺されることになりますので、ほかの所得で税金を払っていれば、逆に還付を受けることができます。

この仕組みを最大限活用するために大きな建物金額を確保できれば短期間で多くの減価償却費を計上できる法定耐用年数の過ぎた中古の木造アパートを節税用に購入し、4年間の減価償却を使い切ってから売却するといった、所得を圧縮する方法もあります。

図表1-4-13

具体的な計算（1棟もの）・・・ATCF

■物件概要	10世帯木造アパート（昭和60年築）
■販売価格	5,000万円（土地4,000万円・建物1,000万円）
■諸経費	400万円
■購入総コスト	5,400万円
■借入	**4,500万円（LTV90％）**
■自己資金	900万円
■融資条件	**4.3％・返済期間30年**
■現況賃料	480万円（年間）
■相場賃料	450万円（年間）
■空室率	5％（滞納リスクは管理会社負担）
■OPEX（運営費）	**65万円**（年間）

減価償却期間
（22年~~26年~~）＋（22年×0.2）
建物価格1,000万円×0.25＝250万円

	NOI	362.5万円
−）	ローン利息	192万円
−）	減価償却費	250万円
−）	青色申告特別控除	65万円
−）	専従者給与	103万円
	課税不動産所得	▲247.5万円
×）	税率（所得次第）	0万円
	納税額	0万円

	GPI	**37.5万円**×12ヶ月＝450万円
−）	空室率	450万円×5%＝22.5万円
	EGI	450万円−22.5万円＝427.5万円
−）	OPEX	65万円
	NOI	427.5万円−65万円＝362.5万円
−）	ADS	22万2,692円×12ヶ月＝267万円
	BTCF	95万5,000円
−）	**納税**	0万円
	ATCF	95万5,000円

※土地取得に係る利息及び青色申告特別控除は赤字所得部分は控除できません。

◆注意!　①青色申告で、赤字所得部分は控除できない

　不動産所得がマイナスになった場合、土地所得にかかる利息および青色申告特別控除は、赤字所得部分は控除できません。

　図表1-4-13の事例では、
　ローン利息192万円を丸々計上していますが、不動産所得がマイナスになった場合、土地取得部分にかかる利息は認められないわけです。
　この木造アパートの場合、土地取得部分は「その年分の建物等と土地等を取得するのに要した負債利子の額192万円×（土地等を取得するに要した負債の額3,600万円÷建物等と土地等を取得するのに要した負債の額4,500万円）＝153万円」。
　153万円は経費にならないということです。

　青色申告の特別控除65万円も不動産所得がマイナスになったときは、ゼロ以上は引き切れないので、気をつけてください。

　事業的規模ではなく、9世帯しかなくて減価償却が終わった場合、**営業純利益（NOI）**から控除できるのは、**ローン利息と青色申告特別控除10万円**のみとなります。**専従者給与控除はありません。**
　そうすると、**減価償却が終われば、一気に課税不動産所得が増え、それに比例して納税額が増える**ことになります。

◆注意!　②共有名義という方法　—　節税対策

　不動産投資で節税するには、いろいろな方法があります。

1つは、奥さんとの共有名義にすること。

たとえば、2分の1ずつ所有し、2分の1ずつ所得を申告し、お互いに青色申告特別控除65万円を使うようにする方法です。

もちろん、事業的規模になれば、お互いに最大で65万円控除が利用できますので、所得を分散しつつ互いに控除の恩恵を受けることができます。

たとえば、ご主人の個人名義で投資用不動産を取得した場合、税金の計算上、現在のご主人の所得にさらに不動産所得が上乗せされることになるので、所得が上がれば税率も上がるという累進税の構造上、どんどん税金が増えていきます。

このため、専業主婦だと税率がご主人より低くなるので、できるだけ奥さんの所得にしたいと思うでしょうが、9割が奥さんで1割がご主人といった極端な持分割は避けましょう。ローンを借りたのがご主人であれば、奥さんの持分に対して譲与税の対象になることもありますので、注意が必要です。

◆注意!　③減価償却が終わると、課税対象が増える!

減価償却が終わるタイミングには注意が必要です。

購入時に**営業純利益（NOI）が200万円**で、**ローン返済（LB）が150万円**だったとすると、**税引き前のキャッシュフロー（BTCF）は50万円**ですが、この税引き前のキャッシュフローに対して、**営業純利益（NOI）**からローン利息や減価償却などを控除した不動産所得がマイナスであれば、**税金は発生しない**ということになります。

減価償却費を多く計上できるような物件を買った場合、購入して、しばらくは不動産所得がマイナスのため税金が発生しなかったとしても、時間が経つにつれて家賃が下落することで税引き前のキャッシュフローは下がるにもかかわらず、税金の計算上で経費計上できる減価償却が終われば、大きく課税対象がアップして一気に税金が増えることになります。

そうした時に、税引き前のキャッシュフローを納税額が上回ってしまうこともあるわけです。

1月から12月までの収支を計算したら税引き前のキャッシュフローは200万円あったのに、翌年3月に確定申告作業をしていたら納税額が300万円で、税引き後のキャッシュフローがマイナス100万円になってしまうという状態です。

こうした「**デッドクロス**」といわれる事態には備える必要があります。
このため減価償却が終わるタイミングには、本当に注意しなければなりません。

デッドクロスはいつごろ来る可能性があるのか、事前に把握しておく必要があります。そうすれば、なるべく早い段階で対策が取れることになります。

> **デッドクロス対策**としては、
> ・追加購入して経費を増やす
> ・ローンの繰上げ返済や返済期間の延長で返済額の減額
> ・自己資金を最初から多く入れて**DCR（負債支払安全率：NOI÷ADS）**を高くする
> ・追加の物件購入で経費を計上したり、事業的規模にしたりすることで利用できる
> 　控除額を増やす
> といったことがあげられます。
> もちろん、売却というのも一つの選択肢です。
>
> 　**節税目的で買ったものの、大きく値下がりして売却損で節税部分が無意味になるような物件を買わないよう気をつけましょう。**

Q&A　不動産の取得は個人名義、法人名義のどちらがいい？

　ここまでの話は個人名義を前提にしたものですが、目的や現在の所得によっては法人名義での取得を検討することも必要です。

　個人で不動産投資をする場合、不動産所得は総合課税のため他の所得と合算して税金を計算されるのは、既に説明済みですが、給与所得などの不動産所得以外の所得が高い人にとっては、投資用不動産から得た儲けまで高い税率で課税されてしまうことになります。

　給与所得など他の所得が高い人にとっては、法人を設立してそちらの所得としたほうが低い税率で課税される場合があるわけです。

　税金の計算の仕方については、個人も法人も基本的な流れは一緒です。

　ただし、法人の場合、接待交際費として認められる経費が大きく、経費化できる役員報酬を活用して、家族などへ所得分散をはかりやすくなります。

　たとえば、ご主人の個人名義でアパートやマンションを買った場合、不動産所得は給与所得や事業所得にプラスされますので、所得によっては所得税・住民税を合算すると55％の最高税率となっていきます。

　一方、法人名義で取得した場合、個人より最高税率が低いということや、所得がマイナスになったとしても、個人と違い土地に関するローン利息の部分も損金計上できたり、役員報酬を活用したりと、個人に比べて合法的に経費化しやすいものが多く節税をはかりやすいため、合計で

支払う税金は個人名義で不動産を所有するよりも安く済む場合があります。

　しかし、気をつけていただきたいのは、法人を活用するメリットがある人もいれば、メリットがない人もいるということです。

　節税等を主にした所得対策で法人を設立する場合の一番のメリットは所得税と法人税の税率差ですが、個人の所得レベルがそこまで高くない人が法人化した場合には、個人より法人のほうが税率は高くなるという点です。

　また、法人で所有する不動産の売上規模によっては、法人に利益が出ていなくても、支払う必要がある均等割税や顧問税理士への報酬など維持コストで、ほとんど利益が出ないこともありえます。

　あわせて、現時点での個人所得は高いものの、そう遠くないうちに定年退職される予定の人や、所得が下がることが予想される人など、あえて法人化せずとも、個人名義で所有しておいて、購入時の諸経費を確定申告することで税金還付を受けておいたほうが維持コストを考えると良いケースもあったりします。

　したがって、不動産投資を始める前には個人名義で進めるのか法人名義で進めるのか、メリットとデメリット含めて、よくよく検討が必要です（詳細は、PART3「法人活用編」参照）。

③ 収益性と安全性を数字で判断

—不動産投資で知っておくべき9つの指標

　税引き後のキャッシュフローツリー（ATCF）まで計算したあと、今度は、その計算過程で算出できた数字を活用して、不動産投資における投資指標を分析することができます。ここでは、その各投資指標の意味と活用方法を知っておきましょう。

　収益性と安全性を数字で判断するために必要なのは、次の**図表1-4-14**に掲げた「不動産投資で知っておくべき9つの指標」となります。

図表1-4-14

不動産投資で知っておくべき9つの指標

投資指標	読み方	計算式
① K%（ローン定数）	ローンコンスタント	ADS/LB
② FCR（総収益率）	フリーアンドクリアリターン	NOI/総投資額
③ CCR（自己資本配当率）	キャッシュオンキャッシュリターン	BTCF/E
④ PB（自己資本回収期間）	ペイバック	E/ BTCF
⑤ DCR（負債支払安全率）	デットカバーレシオ	NOI/ ADS
⑥ BE%（損益分岐点）	ブレークイーブンポイント	(OPEX+ADS)/GPI
⑦ LTV（ローン資産価値比率）	ローントゥバリュー	LB/V（バリュー）
⑧ NPV（正味現在価値）	ネットプレゼントバリュー	
⑨ IRR（内部収益率）	インターナルレートオブリターン	

①「K%（ローン定数）」という実質的なローン支出

　まず、「**K%（ローン定数）**」について説明します。

　融資金額の調達コスト、ローンコンスタントなどといわれることもあります。要するに、金融機関から借りてくるお金の実質的な支出額を計算するものです。

　この**K%（ローン定数）という指標は、金融機関に対する負債支払額（ADS）がローン元金（LB）に対して占める割合**となります。

　年間負債支払額（ADS）は、借入額と金利と返済期間で決まりますが、

金融機関へ返済しているのは「利息」だけではなく、「元金＋利息」ということになりますので、キャッシュフローの最大化が目的の人にとっては、利用すべき金融機関の優先順位としては金利の高い低いではなく、このK%で判断すべきとなります。

　ちなみに、このK%に影響を与える「返済期間」ですが、金融機関の返済期間に対する考え方というのは、**木造なのかRC造なのか鉄骨造なのか**といった物件の構造や、**新築なのか中古なのか**といった築年数によって異なります。

　また、規定は各金融機関によってさまざまで、すでに**法定耐用年数を超えた築25年の木造アパートでも返済期間30年組める金融機関もあれば、あくまでも返済期間は法定耐用年数の範囲内としている金融機関も多く**存在しています。

　目的によっては必ずしもK%が低ければいいわけではありません。

　たとえば、

> 借入1,000万円を金利3.5%の10年返済で借りた場合、
> 年間返済（ADS）は118万6,630円となりますので、
> 118万6,630円÷1,000万円×100＝11.86%となり、
> K%は11.86%ということになります。

　金利が同じ場合、返済期間が延びると、返済額（ADS）が少なくなり、K%は下がっていきます。

　ということは、**キャッシュフローを最大化するためには、なるべく長い返済期間で融資を調達したほうが有利**になるということです。

　実際に**K%**で比較してみましょう。

> A銀行は金利3％の返済期間20年
> B銀行は金利4％で返済期間25年
> C銀行は金利5％で返済期間35年
> という融資条件の各金融機関から1億円を借りようとした場合、

> A銀行への返済は666万円
>
> B銀行への返済は633万円
>
> C銀行への返済は606万円

となります。

　実は、金利が一番高いC銀行が返済額を一番圧縮できて、K%も一番低くなっています。返済を引いた後のキャッシュフローを一番大きくしたいなら、K%が一番低いC銀行がおすすめです。

図表1-4-15

実際にK%での比較

※キャッシュフロー重視の場合、「金利」だけでは判断できない!

	借入	金利	期間	年間返済	K%
A銀行		3%	20年	666万円	6.6%
B銀行	1億円	4%	25年	633万円	6.33%
C銀行		5%	35年	606万円	6.06%

| GPI（潜在総収入） |
| 空室・未回収損失 |
| EGI（実効総収入） |
| OPEX（運営費） |
| NOI（営業純利益） |
| ADS（負債支払額） |
| BTCF（税引前キャッシュフロー） |

（注）「ローン」×「K%」＝ADSなので、K%が上がると、ADSも上がる＝CF下がる。

　とはいっても、メリットがあればデメリットもあります。

　目的によっては、C銀行が断然いい、ということではありません。

　重要なのは、何を優先するのかです。

　キャッシュフローの最大化を優先するならC銀行ですが、**ローン元金の減少が一番速い**のはA銀行となり、余力担保が生まれる速度が上がり、その物件を共同担保に追加投資という選択肢もあります。

　ローン元金の減少が一番遅いのはC銀行ということになります。

投資家の目的はさまざまで、キャッシュフローを最大化し再投資の効率も追求していきたい人もいれば、残り10年に迫った定年時にローン元金を返したあとのキャッシュフローで十分に目標を達成できるという人もいることでしょう。

　こうしたことから、どれを選択するのかは、自分が何を優先するのか、これからどう展開させていきたいのか、というところによって変わってきます。
　実際には、**たとえば1件目のローン返済期間を長く組んだら、2件目は短くして、元金をどんどん返していくといった複合的な組み立て**を提案することもあります。

②「FCR（総収益率）」を活用するには相場観が必要
効率性をみるための指標が、FCRです。
　総収益率のことで、要するに、**実質利回り**と考えてください。

　営業純利益（NOI）を投資総額で割り戻したものがFCRで、投資家から見た投資額に対する実質の利回りです。
　投資総額というのは、売買価格と諸費用や修繕費用をあわせた総額のことです。
　諸費用の目安7％〜8％に含まれるものは、**印紙代、仲介手数料、登記料、火災保険、銀行への融資事務手数料、固定資産税や都市計画税の精算金、不動産取得税**となります。
　不動産取得税は、物件の引渡し時には必要にならないものの、後日請求が来ますので忘れずに予定しておきましょう。

　さて、**購入を検討しているタイプの物件が、探しているエリアではどういった相場観なのか。**
　この肝心な点を把握できていないと、せっかくFCRを計算すること

ができても、その数字がいいのか悪いのか、なかなか判断できません。

FCRの計算から、もう一歩踏み込んで、

> このエリアでは、同様の物件を取得する場合のＦＣＲはどうなるのか？
>
> 中古のアパートはどうか、
>
> 中古の区分ワンルームは、１棟RC造は？……

といったように、**FCR**と比較できるための相場観も養う必要があります。

そして、

> 購入検討物件の**営業純利益（NOI）を投資総額（購入価格＋諸費用＋修繕費用）で割り戻す（NOI÷投資総額）がFCR**になりますが、
>
> **投資価値（購入価格）で割り戻す（NOI÷購入価格）と購入時のキャップレート**が出ますので、それを、そのエリアのキャップレートと比較すると良いでしょう。

計算して指標が出ても、それを比べる物差しがないと、良い悪いは判断できません。

たとえば、インターネットで物件情報に触れてみたり、不動産投資のセミナーや下見ツアーに参加してみたりなど、最新の取引事例の把握や相場観を養うための経験を積むようにしましょう。

もうひと言

◆表面利回り（グロスの利回り）
ほかの利回りもチェックしておきましょう。
FCRのほかにも、利回りはあります。

表面利回りは、**グロスの利回り**という場合もあります。
現況賃料（空室があれば満室想定賃料）を物件価格で割り戻して計算します。

ここで気をつけていただきたいところは、あくまでも「現況賃料」が計算のベースとなり

ますので、中古の物件であれば古くからの入居者が過去からの高い賃料で入居継続中のこともありますし、複数世帯のアパートで空室部分は相場賃料からかけ離れた設定賃料になっていることもあるでしょう。

新築であれば想定賃料が相場より高い設定賃料になっていることもあります。

したがって、表面利回りにはあまり惑わされないように気をつけましょう。

ネット利回りは、キャップレートです。NOI（営業純利益）を物件価格で割り戻して出すことができます。

繰り返しになりますが、購入検討物件の現況キャップレートを算出したら、投資エリアのキャップレートと比較してみましょう。

そうすることで、購入検討物件が相場に比べて割高なのか割安なのかがみえてきます。

③「CCR（自己資本配当率・自己資本利回り）」は投資した資金の運用効率

次の指標は、**CCR**です。

効率性をみるための投資指標ですが、**自己資金の運用利回りで、税引き前のキャッシュフロー（BTCF）を投資した自己資金（E）で割り戻して算出**します。

さて、ここでの「自己資金」ですが、これは別に現金に限りません。

たとえば、

> 自分が所有している**売却想定価格5,000万円の土地**の上に、
>
> あらたに**建築費5,000万円（諸費用込）のアパート**を建築して、
>
> アパート建築費のうち**4,500万円を借入れ**して
>
> **現金を500万円用意した**場合、
>
> 仮に**営業純利益（NOI）が800万円**で
>
> **負債支払額（ADS）が300万円**であれば、
>
> **税引き前のキャッシュフロー（BTCF）は500万円**になりますが、
>
> ここでは、**税引き前キャッシュフロー500万円÷（土地価格5,000万円＋自己資金500万円）＝9.1%が自己資本効率（CCR）**
>
> ということになります。

　つまり、**土地も自己資金として投資しているということになるから**です。

　税引き前キャッシュフロー 500万円÷自己資金500万円＝100%（CCR）ということではありませんので気をつけましょう。

　また、

> 　このアパート建築の**FCR（総収益率）**ですが、
> 　**営業純利益（NOI）が800万円**のため、
> 　**800万円÷建築費5,000万円＝16%ということではなく、**
> 　**800万円÷投資総額1億円（土地5,000万円＋建築費5,000万円）＝8%ということ**になります。

　ここで、あわせて知っておいていただききたいことは、

> 　**もし、このアパートを建築したエリアのキャップレートが20%だった場合、果たしてこのアパートの投資価値はどうなるか？**という視点です。
>
> 　「V＝I/R」の計算式にあてはめると、
> 　**営業純利益（NOI）800万円÷キャップレート20%＝4,000万円（価値）**ということになり、
> 　**アパートを建築したせいで、更地価格5,000万円を下回る価格の賃貸不動産ということになってしまう**こともあります。

　このように、**高い建築費をかけて結果的に資産価値を下げてしまっている土地活用**も見受けられますので注意が必要です。

　さて、ここまでいくつか投資指標が登場してきましたが、自己資金の運用先として、
・ **所有不動産の繰上げ返済を選択するか**
・ **不動産投資に回したほうが良いか**

といった判断を下すときに、**K%とCCRで計算し、双方を比較**したらわかりやすくなります。

　たとえば、A物件として、**所有した物件のK%が5%**、かつ、

　いま自分ができる新規の不動産投資でCCR10%の運用ができるという場合、

　手元に**自己資金が1,000万円**あるとすると、

　所有している物件の**ローン残債に繰上げ返済するか**

　新規の不動産投資で運用するか

　の検討が必要です。

　単純に**キャッシュフローの最大化**なら、

　1,000万円×10%（CCR）で運用できれば、

　税引き前キャッシュフローで**100万円が手元**に残ることになりますが、

　所有した物件に繰上げ返済をした場合、

　1,000万円×5％（K％）は50万円なので、

　ローン返済額が50万円圧縮できる結果、**50万円手元**に残ることになります。

　手元に残るキャッシュフローを多くするなら、新規で運用したほうが良いわけです。

　また、**K%同士で比較**することもできます。

　所有しようとしているどの物件のローン残債に繰上げ返済したほうが、ローン返済の圧縮効果が高いかということが、このK%で比較できます。

　A物件のK%が5%、B物件のK%が6%の場合、

　自己資金1,000万円を投下するのは、

　1,000万円×6％（K％）＝60万円で、

　B物件のほうが手元に残るキャッシュフローが多くなるわけです。

　なお、住宅ローンの金利はアパートローンに比べて相当低く、いまや0.5%という金利すら目にすることがあります。

　仮に金利0.5%、返済期間35年の場合、1,000万円を借りる場合の年間返済額は312万円ですから、**K%は3.12%**となります。

　ですから、

　手元に1,000万円の自己資金がある場合、

　このK%の住宅ローンに頭金として入れると、

　年間住宅ローンの返済は、1,000万円×3.12%（K%）＝31.2万円の圧縮ができ、それだけ手元に残るお金が増えるわけです。

　しかし、不動産投資という選択肢で

　CCR10%運用できる人なら、

　1,000万円×10%（CCR）＝100万円の税引き前キャッシュフローが残せます。

　仮に

　区分ワンルームを現金購入してFCR5%で運用できたとしても、**税引き前キャッシュフローは50万円**残せるわけです。

　となると、低金利の住宅ローンに頭金を入れたり、繰上げ返済したりするのは、資本効率の面から考えるともったいないと考えます。

　もちろん、銀行の定期預金に預けているよりは住宅ローンの繰上げ返済をしたほうが効率は良いですが‥‥。こんな話をすると、「自宅のローン返さなきゃ良かったなぁ」なんて言われることもあります。それはそれで、**共同担保として活用する方法**（074ページ参照）もありますので、組み立て方次第では、有利な資産形成の手助けをしてくれますから大丈夫です。

◆レバレッジについて

指標の1つではありませんが、レバレッジ判定についても覚えておきましょう。

レバレッジとは、「てこ」の作用のことです。

最近は当たり前のように、この「レバレッジ」という言葉が使われています。どういうことかというと、**金融機関の低利な借入れをうまく利用して、少額の自己資金で購入し、自己資本に対する利益率をあげることです。**

レバレッジの効いているのは、「K%<FCR（総収益率）<CCR（自己資本配当率）」という状態です。

最近の中古のワンルーム市場は、これは良いという物件はレバレッジの効かないケースもよくあります。これは、銀行からの調達コストが、実質利回りを上回っていることが多く、「K%>FCR>CCR」という状態になっているからです。

レバレッジの効いていない、いわゆる「逆レバ」の状態で投資する価値がないかというと、そういうことはありません。

レバレッジが効いているときには、資本金を少なくすれば少なくするほど、**資本効率（CCR）**は上昇していきますが、逆レバのときには、資本金を多くすることが資本効率を上昇させることになっていきます。

図表1-4-16

レバレッジの効果・・・レバレッジとは何？
→借入れをうまく利用して、少額の自己資金で購入すること。

諸費用800万円	E（自己資金）1,800万円
物件金額 1億円 （購入総コスト 1億800万円） FCR=6.5% NOI=702万円	借入金額 9,000万円 金利：2.8% 期間：25年 K%=5.56% ADS=500万円

BTCF=NOI－ADS=702万円－500万円
　　　=202万円
CCR=BTCF/E（自己資金）
　　　=202万円/1,800万円
　　　=11.22%

※自己資金1,800万円で、1億800万円の投資ができてしまいます。仮に1,800万円を現金投資FCR6.5%としたら、117万円。

※この購入総コスト1億800万円の物件を全額自己資金で購入していたら、CFは702万円ですが、それぞれ1,800万円の自己資金で6棟購入すれば、CFは1,212万円（202万円×6棟）になります。

→これがレバレッジの効果。
（全く同じ条件の物件を購入したと仮定）

④「PB（自己資本回収期間・自己資本回収年数）」はCCRの逆数

　不動産投資で知っておくべき 9 つの指標の 4 番目は「**PB（ペイバック）**」です。これは**自己資金回収年数**を意味します。

　たとえば、

　自己資金（E）1,000万円を投資して
　年間のキャッシュフローが100万円だった場合、
　投資した1,000万円を何年で回収できるかという効率性を見る指標となりますので、
　自己資金1,000万円÷キャッシュフロー 100万円＝10年ということになります。

　CCRが高いほど、このPBも短くなりますが、仮にCCRが20%だった場合、自己資金1,000万円×20%（CCR）＝200万円となり、1,000万円÷200万円＝ 5 年なので、より効率性が高いということになります。

⑤「DCR（負債支払安全率）」は最低でも「1.3」は欲しい

　次の指標は「**DCR**」です。

　負債支払安全率のことで、ここは特に重要なので、しっかり理解してください。

　ひと言でいえば、**年間営業純利益（NOI）が負債支払額返済額（ADS）の何倍あるか**、ということを示す指標です。

　基本的には**1.3以上ある状態が望ましい**と推奨しています。

　しかし、投資家によっては、リスク許容度が違うので、もっと高い数値が欲しいという人もいれば、もっと低くてもいいという人もいます。

　さらに短期間でローンを返したいので 1 を下回ることを承知される人もいます。

　自己資本比率を上げていく、つまり借入れを減らしていくことによっ

て、負債支払額（ADS）は下がっていくので、DCRが向上してより安全性が高まっていくということになります。

　なお、レバレッジが効いている状態のときには、効率性を見る指標であるCCR（自己資本配当率）と安全性を見るDCRは両天秤の関係にあるので、安全性を求めてDCRを高めようと自己資本比率を上げると、効率性であるCCRは下がっていくことになります。
　逆に、効率性を求めて借入れを増やして自己資本比率を下げていくと、負債支払額（ADS）が増えるので、DCRは下がっていくことになります。

　また、追加で取得する物件のDCRが1.1だったとしても、既存の物件の指標次第では、ポートフォリオ全体でのDCRが1.5などになることもありますので、あくまでもポートフォリオ全体で判断することが大切です。

　そして、DCRが1を下回っていると、返済のほうが大きいことを意味していますが、実際には1を下回っている物件はたくさんあります。
　新築の投資用区分マンションなどは典型例で、基本的にマイナスキャッシュフローになってしまいます。営業純利益（NOI）から負債支払額（ADS）を引いたらマイナスですから、給与所得などから補てんすることになるわけですが、販売側のセールストークとしては「月々数万円の支払いで、30年後、35年後にはローンが終わり、営業利益（NOI）部分が年金代わりになる」といった感じで販売するのです。

　しかし、この手の物件というのは諸費用まで含めてローンが調達できて、ほとんど自己資金を出さずに購入できたりしますが、キャッシュフローが出ないため、他の所得から補てんしてローン返済しなければなりません。
　それが苦しくなって売ろうと思っても、そもそも高値で購入してしま

っているので、値段はローン残債を大きく下回る値段でしか売れない可能性が高く、売値とローン残債の差額を用意できないと売ることができずマイナスキャッシュフロー部分を支払い続けるしかなくなってしまいます。

区分マンションの投資は中古が鉄則なので、新築の投資用区分マンションを検討されている人は、この**DCR**を思い出してください（以上のことは、「PART2　実務編」で具体的に説明します）。

⑥「BE%（損益分岐点）」が低いほど、その物件の安全性は高い

次は「**BE%（損益分岐点）**」について説明します。

物件を持っていると、年間運営（OPEX）費と銀行へのローン返済（借入があれば）でお金が出ていきます。

BE%とは、その運営費と銀行返済が、グロスの収入（潜在総収入＝GPI）に対して占める割合のことです。

$$\frac{年間運営費＋年間返済額}{潜在総収入} \times 100$$

これは安全性をみるための指標で、空室や家賃の未回収にどれほど耐えられるかということがわかります。低ければ低いほど、安全性は高くなると覚えておきましょう。

> たとえば、所有している**10世帯のアパート**で、**BE%が60%**という指標が出たとします。
>
> この場合、時点ベースで考えると**6世帯が稼働していれば、キャッシュフローはマイナスにはならない**、ということになります。
>
> 逆にいえば、**6世帯を超えた入居がないと黒字にはなりません。この指標で、その境目がわかります。**

⑦「LTV（ローン資産価値比率）」は購入時以降も定期的にチェック

LTV（ローン資産価値比率）は、**価格に対して借入金額の占める割合**

のことで、ローン額を購入価格で割って出します。

$$\frac{借入金額}{価格}×100$$

考え方は簡単で、低ければ低いほうが、もちろん安全性は高くなります。ただし、覚えておきたいのは、低くなれば安全性が上がる一方で、自己資本比率は上がっていくことになりますので、レバレッジが効いている状態では、CCR（自己資本配当率）は逆に下がっていきます。

これもやはり安全性と効率性を天秤にかけたようなもので、どちらを採るかが問題になってきます。安全性を追求すると、効率性は下がっていく、効率性を求めると、安全性は下がっていくということになります。

また、**LTV**については、**購入時点だけではなく**定期的に所有物件の市場価格を把握しながら、**現時点でのLTV**も気にするようにしておきましょう。

図表1-4-17

整理：「7つの指標で見る効率と安全性」
自己資本（E）+借入額（LB）＝総投資額

	GPI（潜在総収入）
−）	空室・未回収損
	EGI（実効総収入）
−）	OPEX（運営費）
	NOI（営業純利益）
−）	ADS（負債支払額）
	BTCF（税引前キャッシュフロー）

儲かっているか？
①資金の調達コストを知る**K%**＝（ADS÷借入額）
②収益力は？＝物件の力を知る**FCR**＝（NOI÷V）
③自己資金の利回りはどのくらい？**CCR**＝（BTCF÷E）
④投資したお金は何年で戻るの？**PB**＝（E÷BTCF）

安全か？
①ローン返済が多すぎないか？を知る**DCR**＝（NOI÷ADS）…1.3以上は欲しい
②どのくらいの空室まで耐えられるかを知る**BE%**＝（（Opex+ADS）÷GPI）…70%以下にしておきたい
③借入れの割合が多すぎないかを知る**LTV**＝（LB÷V）

図表1-4-18

前出の具体的な計算を投資分析すると・・・

- ■物件概要　　　　10世帯木造アパート**（昭和60年築）**
- ■販売価格　　　　5,000万円**（土地4,000万円・建物1,000万円）**
- ■諸経費　　　　　400万円
- ■購入総コスト　　5,400万円
- ■借入　　　　　　**4,500万円（LTV90%）**
- ■自己資金　　　　900万円
- ■融資条件　　　　**4.3%・返済期間30年**
- ■現況賃料　　　　480万円（年間）
- ■相場賃料　　　　450万円（年間）
- ■空室率　　　　　**5%**（滞納リスクは管理会社負担）
- ■OPEX（運営費）　**65万**円（年間）

	GPI	**37.5万円**×12ヶ月＝450万円
－）	空室率	450万円×5%＝22.5万円
	EGI	450万円－22.5万円＝427.5万円
－）	OPEX	65万円
	NOI	427.5万円－65万円＝362.5万円
－）	ADS	22万2,692円×12ヶ月＝267万円
	BTCF	95万5,000円
－）	**納税**	0万円
	ATCF	95万5,000円

FCR	6.71%
CCR	10.61%
PB	9.42年
DCR	1.36
BE%	73.78%
K%	5.93%
レバレッジ判定	＋（プラス）
LTV	90%

　共同担保についても、ぜひ知っておいてください。

　たとえば、1億円の良い物件があったので、できれば購入したい。
しかし、1億円の融資を受けるのは難しい……こういったケースはあるでしょう。
こうした場合、何かほかに不動産を持っていれば、金融機関の対応が違ってきます。

　仮に、**住宅を持っていて、借りている住宅ローンが減っている、あるいは、昔買ったワンルームマンションは、もうローンがほとんどない、こういった場合に、これらを担保にして、買おうとしている物件の融資を延ばすという方法があります。**
　これが共同担保です。

　気になる点としては、その共同担保に入れた不動産を売却したいときにどうなるか、という部分もあるかと思いますが、この場合、金融機関側としては、融資対象の物件の評価次第では、その売却資金の一部を繰上げ返済することで、共同担保の解除に応じてくれるケースも多いです。

　ただ、この「その時点での評価次第」というのが難しいところで、評価次第では、「売却資金は全額繰上げ返済に充当してください」と言われる可能性もありますので注意が必要です。

　とはいえ、ローン残債を減らせばキャッシュフローやDCRも向上しますので、良い面もあります。もちろん、売却せずとも、手元の資金で繰上げ返済することで共同担保の解除に応じてもらえるケースもあります。

図表1-4-19

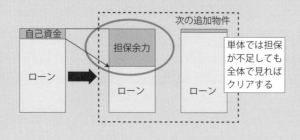

共同担保
・単独で不足する部分だけカバーできれば可能
・残債が残って単独評価でOKとなれば外せる

もうひと言

◆表面利回りだけでは判断できない

　不動産投資を判断する指標を有効に使うには、やはり、最近のほかの取引と比較検討してみることが必要です。
　いろいろな不動産の取引事例の情報を入手し、相場を知っておくようにしましょう。
　不動産投資の知識がないうちは、利回りばかりを気にしがちです。しかし、**投資分析が理解できると、ほかの大事な部分がたくさんみえてきます。**
　たとえば、次の**図表1-4-20**のような高利回りの木造中古アパートがあるとしましょう。
　表面利回りは15%と、そちらのほうに目がいってしまうかもしれません。けれども、本当に良い物件なのかどうかは、これだけではわかりません。

　販売図面に記載されている賃料も、実際に相場と照らし合わせてみると、実はずいぶん違うというケースがあります。もちろん、**空室率のチェックも必要ですし、ほかに修繕費や運営費などもプラスしなければいけません。**

　物件価格が500万円、表面利回りが15%で、75万円の収入があるはずだったはずなのに、実際には諸費用や修繕費用を見落としていて投資総額630万円まで跳ね上がり、空室率や運営費（OPEX）を落とし込んでいくと**実際の税引き前キャッシュフローは13.6万円**にしかならず、**FCR（総収益率）**においても、**2.16%**にしか過ぎなかった、なんて事例はよくありますので気をつけましょう

基礎編

第4章　投資分析を徹底的に理解する

図表1-4-20

投資分析が理解できると・・・
高利回りの木造中古（築古）1棟アパート

■表面利回り15%のつもりが・・・
①空室率
②出口で売却できない可能性
③ローン付かない

表面利回り	15%
物件価格	500万円
自己資金（E）	500万円
＋借入（LB）	0万円
月々家賃	6.25万円
満室想定賃料	75万円
▲空室	現状満室
実効総収入	75万円
▲運営費	想定せず
ネット収入	75万円
▲ローン返済	0万円
手取り	75万円

物件価格	500万円
諸費用	**30万円**
修繕費	**100万円**
購入総コスト	**630万円**
自己資金（E）	630万円
＋借入（LB）	0万円
月々家賃	4万円
年間の収入	48万円
▲空室（30%）	**14.4万円**
実効総収入	33.6万円
▲運営費	**20万円**
ネット収入	13.6万円
▲ローン返済	0万円
手取り	13.6万円

■**実質利回り（FCR）2.16%**

コラム

◆自己資金が少ない場合は、大きな物件はNG

　不動産投資をする人のなかには、ある程度規模の大きなものにこだわる人がいます。そうした人の中には、**不動産を買うことが目的になってしまっている**人もいるようです。

　不動産を所有するにあたって、やはり収益を無視するわけにはいきません。
　自己資金ゼロで買えるから、銀行が融資してくれるから、サブリース会社が賃料保証してくれるから、いろいろとおいしい話に見えることもあるでしょう。ただ、不動産投資は保有中もそれなりに資金が必要になる場合もありますし、空室が出て収入が減る可能性のある事業です。

　1棟アパートや1棟マンションにこだわるあまり、自分の自己資金で耐えられる範囲を超えて投資してしまう人もいるようです。
　少額の自己資金の場合、アパートやマンションよりも、立地の良いところで中古の区分マンションを所有したほうがリスクは低かったりしもします。
　資本金が少ないのであれば、物件規模を下げて自己資本比率をあげることで無理のない投資を進めることができるわけです。

　買える物件と、自分が買うべき物件というのは、人それぞれ違うということを理解する必要があると思います。

⑧「NPV（正味現在価値）」で、期待する利回りに対しての投資価値を見る

　不動産は運用期間中の収益だけではなく、売却時の損益も含めて損得を考える必要があります。

　5,000万円で買ったアパートが3,000万円まで下がり、ローン残債を売値が下回って売るに売れない状態になることもあります。

　そこで、**買うときには、いくらで売れそうか、ということも含めて考えなければいけません。**

　たとえば、「**図表1-4-18**」の事例では自己資金**900万円を投資**していますが、その後の収益が

・　1年後にBTCF955,000円
・　2年後にBTCF955,000円
・　3年後にBTCF955,000円

- 4年後にBTCF955,000円
- 5年後に売却益も含めて1,000万円になる投資だったとします。

　総支出900万円に対して総収入1,382万円（95.5万円＋95.5万円＋95.5万円＋95.5万円＋1,000万円）となる場合、

　現在のお金の価値と5年後のお金の価値が全く同じならば、

　総収入1,382万円-総支出900万円＝482万円が、そのままNPV（正味現在価値）ということになります（図表1-4-21①・図表1-4-21②）。

図表1-4-21①

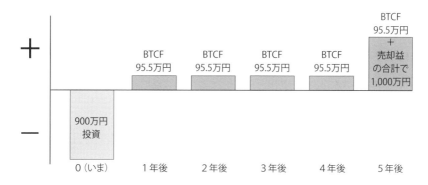

まずは、NPV（正味現在価値）を考えてみる。

図表1-4-21②

総支出　総収入1,382万円（1年後〜5年後の収益合計）

ただし、お金は不動産投資をはじめ何かしらの投資商品を購入すれば、

時間をかけて運用することで増やすことが可能です。

　また、インフレの可能性だってあるわけです。

　もちろん、早く手にすれば、増やすチャンスも多くなります。

　5年後に1,000万円もらうよりも、今500万円をもらったほうが、上手に運用することによって、5年後にはもっとお金が増やせるという人もいるでしょう。

　たとえば、**投資するなら年間5％はリターンが欲しい、もしくは確実に5％で運用できる人**にとって、**1年後の95.5万円は、今の価値にすると、95.5万円÷105％＝909,524円と同じ価値**ということになります。

　期待する利回り・目標利回りで将来の収益予想を今現在の価値に割り戻してくる必要があるわけです。

図表1-4-21③

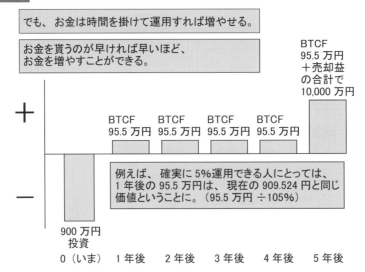

このようにして、5年間の総収入を現在の価値に期待利回り5％で割り戻すと、総収入は11,254,553円ということになります。ここから投資した900万円を引くと2,254,553円が期待利回り5％の人にとってのNPV

（正味現在価値）と判明します（**図表1-4-21**④）。

図表1-4-21④

総収入を現在価値に直した金額の合計　11,221,645円

期待利回り5%の場合、NPVは11,221,645円−9,000,000円=2,221,645円

```
                                                              現在価値1,000万円
                                                  現在価値       ÷105%÷105%
                                        現在価値     95.5万円      ÷105%÷105%
                              現在価値      95.5万円    ÷105%       ÷105%=7,835,262円
                    現在価値    95.5万円    ÷105%      ÷105%
                    95.5万円   ÷105%      ÷105%     ÷105%
                    ÷105%     ÷105%      ÷105%     ÷105%
                    ÷105%=    ÷105%=     ÷105%=    ÷105%=
                    909.524円 866,213円  824,965円  785,681円
```

確実に年間5%で運用できる人にとっても、
この投資をすることは2,221,645円の利益になると
いうこと。

900万円
投資

0（いま）　　1年後　　2年後　　3年後　　4年後　　5年後

これが期利回り5%でのNPV、すなわち「正味現在価値」です。

　確実に年5%で運用できる人にとっても、この投資をすることは期待
額・目標額よりも2,221,645円の利益になるということですから、投資適
格ということになります。

　仮に**期待利回りが2%**なら、

・ **1年後の95.5万円÷102%=936,275円**
・ **2年後の95.5万円÷102%÷102%=917,916円**
・ **3年後の95.5万円÷102%÷102%÷102%=899,918円**
・ **4年後の95.5万円÷102%÷102%÷102%÷102%=**
　882,272円
・ **5年後の1,000万円÷102%÷102%÷102%÷102%÷102%**
　=9,057,308円

という**現在価値**になりますから、**総収入12,693,689円から総支出**
900万円をマイナスすると、NPVは3,693,689円ということになり
ます（**図表1-4-21**⑤）。

基礎編

第4章　投資分析を徹底的に理解する

図表1-4-21⑤

総収入を現在価値に直した金額の合計　12,693,689円

期待利回り2%の場合、NPVは12,693,689円−9,000,000円＝3,693,689円

現在価値1,000万円
÷102%÷102%
÷102%÷102%
÷102%＝9,057,308円

現在価値
95.5万円
÷102%
÷102%
÷102%
÷102%＝
882,272円

現在価値
95.5万円
÷102%
÷102%
÷102%＝
899,918円

現在価値
95.5万円
÷102%
÷102%＝
917,916円

現在価値
95.5万円
÷102%＝
936,275円

900万円
投資

確実に年間2%で運用できる人にとっては、
この投資をすることは3,693,689円の利益になるということ。

0（いま）　　1年後　　2年後　　3年後　　4年後　　5年後

　NPVがゼロ（NPV≧0）以上になれば、期待したリターン、あるいは目標としたリターンを確保できるので投資適格ですが、逆に、NPVがマイナスになるということもありえます。その場合には投資不適格となりますので、期待したリターンは得られないため投資をやめるか、目標の下方修正をするか、投資資金の変更や収益の改善をしていく必要があります。

　仮に期待利回りが15%なら、

・ **1年後の95.5万円÷115%＝830,435円**
・ **2年後の95.5万円÷115%÷115%＝722,117円**
・ **3年後の95.5万円÷115%÷115%÷115%＝627,928円**
・ **4年後の95.5万円÷115%÷115%÷115%÷115%＝
　546,024円**
・ **5年後の1,000万円÷115%÷115%÷115%÷115%÷115%
　＝4,971,767円**

　という現在価値になりますから、**総収入7,698,271円から総支出900万円をマイナスすると、NPVは▲1,301,729円**ということになり、期待利回り15%の人にとっては投資不適格ということになります（**図**

表1-4-21⑥)。

図表1-4-21⑥

総収入を現在価値に直した金額の合計　7,698,271円

期待利回り15%の場合、NPVは7,698,271円−9,000,000円=▲1,301,729円

⑨「IRR（内部収益率）」で結局何%のリターンなのかを考える

　それでは、実際この投資は、結局何%増やすことができるのと同等かということも気になるところでしょう（**図表1-4-22①**）。

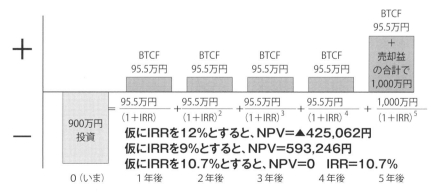

図表1-4-22①

逆に、この投資は年間、何パーセント増やすことのできる場合と同等なのか？
NPVが「0」になる期待利回り=IRR（内部収益率）

先ほどの「**図表1-4-21④**」の事例では、5％の期待利回りでNPVは2,254,553円のプラスになり、「**図表1-4-21⑥**」の事例では、期待利回り15％でNPVは1,301,729円のマイナスになりました。となると、この投資に期待できる利回りは、5％以上15％未満になることがわかります。

それではいったい**何％のリターンを得られるのか**を示す指標が「**IRR**」、すなわち**内部収益率**です。

つまり、**NPV（正味現在価値）が「0」になる期待利回りがIRR**ということになります。

将来入ってくるであろう収益と売却想定益まで含めないと、最終的な利回りは確定しません。

仮に保有期間中の収益が安定していたとしても、将来の売却価格によってはIRRが変動し投資のパフォーマンスが大きく異なってきます。

図表1-4-22②

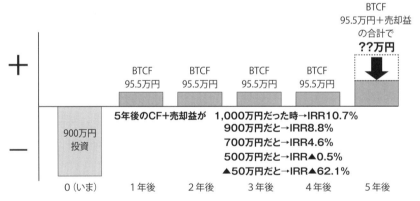

IRR（内部収益率）は売却価格で大きく変わる

また、「**図表1-4-18**」の事例では自己資金**900万円**を投資して、その後の収益がBTCF955,000円でしたのでCCR10.6%（955,000円÷900万円）となりました。しかし、同じ900万円の自己資金を投資する別の物件だとして、一見、初年度は高い収益に見えたもののリスクの高いエリアの物件だったため入居者付けも苦戦し家賃が下落してしまい、購入してからの収益が下記のように推移するとしたら、いかがで

しょうか？

- **1年後にBTCF2,000,000円**
- **2年後にBTCF1,500,000円**
- **3年後にBTCF1,200,000円**
- 4年後にBTCF1,000,000円
- 5年後に売却益も含めて500万円になる投資だったとします。

　初年度の収益がBTCF2,000,000円ですから、CCR22.2％（2,000,000円÷9,000,000円）ということで、CCR10.6％と比較すると初年度の資本効率は大きく増加していることになります。

　しかし、次第に家賃も下落し、**売却時もそれほど売却益が取れないとすると、実はIRRを計算してみたら5.2%**にしか過ぎなかったということになります。

　一見、表面利回りが高く魅力的に映るような物件というのは、入居者付のリスクも高くなりがちで、購入当初は収益が上がっていても家賃の下落や売却で出口をむかえる際に、それほど儲けることができない、もしくは、売却価格の下落により大きく損失を出してしまうケースがよくありますので気をつけましょう。

`図表1-4-22③`

IRR（内部収益率）

保有中の収益と最終売却益まで想定して投資判断する必要がある。

一方、「**図表1-4-18**」の事例ではCCR10.6％（955,000円÷900万円）で
したが、その立地が**空室リスクの低いエリアだとしたらどうでしょう**。
家賃はあまり下がらず収益の推移も安定し、資産価値も維持しやすく将
来の売却価格もそれほど下がらないでしょうし、逆に上がることもあり
えます。いずれにせよ売却益も安定する可能性が高いでしょう。

- **1年後にBTCF955,000円**
- **2年後にBTCF900,000円**
- **3年後にBTCF900,000円**
- 4年後にBTCF880,000円
- 5年後に売却益も含めて1,500万円になる投資だったとします。

　そうすると、**IRRは18％と、こちらのほうが高く**なります。

　ここで知って欲しいことは、**購入時のCCR（資本効率）や物件の表面
利回りだけでは投資の中身はわからないということです**。保有期間中の
収益と売却時の損益を想定してIRRを計算してみることで、単年度の儲
けだけに惑わされず、投資の判断をすることができるようになります。

図表1-4-22④

IRR（内部収益率）

保有中の収益と最終売却益まで想定して投資判断する必要がある。

BTCF 95.5万円 ・ BTCF 90万円 ・ BTCF 90万円 ・ BTCF 88万円 ・ BTCF 88万円 ＋売却益の合計で1,500万円

900万円投資　CCR10.6% ────────→ IRR18%

0（いま）　1年後　2年後　3年後　4年後　5年後

図表1-4-23

IRR（内部収益率）

「NPV（正味現在価値）をゼロにする割引率」…つまりその投資は何パーセントの割引率（期待利回り）で考えておけば成り立つ投資なのか？

①投資に使った資金（現在の価値）を計算

②保有期間中の（税引き後・ローン返済後の）手取り金を現在の価値に直して計算

③売却時の（税引き後・元金完済後の）手取り金を現在の価値に直して計算

※一番知っておいて欲しいこと購入時の表面利回りだけではわからないということ。最終売却益まで想定して判断しないといけない！

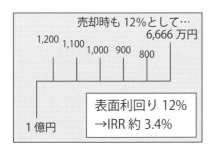

売却時も 12%として…
6,666 万円
1,200　1,100　1,000　900　800
1億円
表面利回り 12%
→IRR 約 3.4%

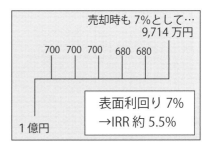

売却時も 7%として…
9,714 万円
700　700　700　680　680
1億円
表面利回り 7%
→IRR 約 5.5%

◆売却時の税金はどうなる?

図表1-4-24

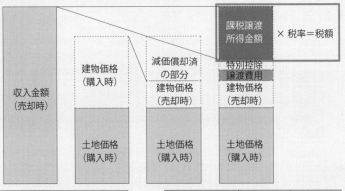

税率

	課税譲渡所得金額		
×	譲渡所得税率		
=	譲渡所得税		

区分	所得税	住民税
長期譲渡所得	15%	5%
短期譲渡所得	30%	9%

注1:マイホームを売ったときには、税率を軽減する特例があります。

注2:確定申告の際には、所得税と併せて基準所得税額（所得税額から、所得税額から差し引かれる金額を差し引いた後の金額）に**2.1%を掛けて計算した復興特別所得税を申告・納付する**ことになります。（※長期譲渡税率20.32%　短期39.63%）

注3:譲渡した年の1月1日現在の所有期間が5年を超える土地や建物を売ったときは「長期譲渡所得の税率」、5年以下の場合には「短期譲渡所得の税率」が適用される。

　賃貸用不動産を売却したとき、どれだけ手元に売却損益が出るのかを試算するには、まずは譲渡所得税の計算をする必要があります。

　税金の計算としては、売却価格から購入時の取得費用（土地＋建物簿価）と譲渡に関する費用および特別控除を引いた金額が「課税対象」となります。

　注意が必要なのは、**取得費用として控除できる建物部分に関しては既に減価償却している部分は認められない**という点です。

　要は保有中に経費として認められているわけなので、売却した時の経費には認めてもらえないわけです。

　譲渡に関する費用は、仲介手数料や契約書の印紙代、抵当権の抹消費用などがありますが、建物の解体をして土地を引き渡す場合などは、解体費用や、実施すれば測量費用なども譲渡費用となります。

　特別控除に関しては、購入年度によっては一定額の控除を認めてもらえる場合もありますので、詳しくは国税庁のホームページか税務署へお問合せください。

　そうして計算した課税対象の譲渡所得に、**保有期間が5年以下なら短期譲渡税率として約39%、長期譲渡税率の5年超なら約20%という税率**を掛けて税金を算出します。
　5年超または以下の判定としては、**購入した時点から6回以上お正月を迎えていれば長期譲渡、迎えていなければ短期譲渡**と考えてください。

　こうして出た税金を、売却価格からローン残債と譲渡費用を引いた残りから控除すると、ようやく手取りの売却損益が出ることになります。

　なお、**個人名義で所有している不動産の譲渡ですと、短期と長期によって税率が異なりますが、法人名義で所有している不動産を譲渡した場合は、保有期間に関係なく、あくまでも期中の利益に対して法人税が課税**されます。
　ある意味、税率にとらわれず売却の時期を逃さずにすむ可能性もありますし、個人所有の譲渡だと分離課税といって、他の所得の影響を受けずに、あくまでも不動産の譲渡所得益だけで課税の判定をされますが、法人の場合は他の所得の損益と不動産の譲渡損益を相殺できるので、税金を圧縮できる場合もあります。
　次の**図表1-4-25**で具体的な例を紹介しますので、参考にしてください（詳細はART2・PART3参照）。

`図表1-4-25`

売却（出口）するときに・・・
先に減価償却した分は、あとで控除できず

	収入金額	1億円
一）	取得費用	土地 9,000万円 建物簿価 0万円
一）	譲渡費用	400万円
一）	特別控除	0万円
＝	課税譲渡所得金額	600万円
×	譲渡所得税率	20.315%
＝	譲渡所得税	122万円

売却価格　1億円（ローン残債無し）
購入価格　1億円
土地　　　9,000万円
建物　　　1,000万円（減価償却期間4年）
例)
5年間保有して長期譲渡した場合
売却価格　1億円　譲渡費用　400万円
（4%想定）

	収入金額	1億円
一）	残債	0万円
一）	譲渡費用	400万円
一）	譲渡所得税	122万円
＝	売却手取り	9,478万円

基礎編

第4章　投資分析を徹底的に理解する

先に減価償却した分は、あとで控除できず

売却価格 1億円（ローン残債無し）
購入価格 1億円
土地 1,000万円
建物 9,000万円（減価償却期間4年）
5年間保有して長期譲渡した場合
売却価格 1億円 譲渡費用 400万円
（4%想定）

	収入金額	1億円
−) 取得費用	土地 1,000万円 建物価格 0万円	
−) 譲渡費用	400万円	
−) 特別控除	0万円	
= 課税譲渡所得金額	8,600万円	
× 譲渡所得税率	20.315%	
= 譲渡所得税	1,747万円	

保有中に減価償却させてもらった分は、
売却時にきっちり当税される。

	収入金額	1億円
−) 残債	0万円	
−) 譲渡費用	400万円	
−) 譲渡所得税	1,747万円	
= 売却手取り	7,853万円	

もうひと言

◆売るか持ち続けるかの見極めも大切

不動産投資において、保有期間中の自己資本配当率（CCR）は変動します。
購入当時はCCR15%で運用できていたものの、5年後にはCCR10%と下落してしまうこともあれば、逆にCCR20%と上昇することもあります。

これは、**キャッシュフローも毎年のように変動すれば、市況やローン元金の減少によって売却手取り金額も変動していくもの**だからです。

自己資本配当率（CCR）というのは、税引き前のキャッシュフローを自己資金で割り戻した、投資効率を確認するための指標です。

定期的に市場価格を把握して売却損益を試算してみながら、その時点でのCCRを検証してみることが大切です。

現時点で売却を確定させた場合のIRRを比較検討したうえで、利益を確定させるのも一つの選択肢です。特に立地が弱含みで、今後、値上がりの見込みが立てづらいエリアであれば、IRRが指標的にはあまり良くなくても、売れるタイミングで利益を確定させてしまうのが良いときもあります。

また、そんなに儲かるなら売却しよう、で進めず、売却したあとの選択肢がどうなるの

かを検討することが大切です。レバレッジをかけて再投資をするならば、果たして希望の融資が受けられるのかを事前に金融機関に打診が必要ですし、最近の市況下で現実的なCCRはどの程度なのか、情報を集めて資産組み換え後のキャッシュフローの増減についての見通しも必要です。

　逆にレバレッジをかけず、借入を減らすため現金投資するにしても、投資できる自己資金の範囲内でのFCRの把握が必要になります。そして、資産の組み換えをするよりも、他の物件のK%を確認してローン残債を減らすほうがキャッシュフローの増加が大きくなる場合もあります。もちろん、売却して現金化したあと何もしない、という選択肢もあるでしょう。

　いずれにせよ、このあたりは投資家の目的や目標によって、どの選択肢を採るのが最適かは違ってきます。ですから、**何年後に、どれくらいの収入を必要とするのか**を不動産投資をスタートする前にある程度の目標を立てておきたいところです。そして、**その目的と現実を定期的にチェックする**必要があるでしょう。

基礎編

この章のまとめとして、「何でそんな物件買っちゃったんですか、買う前に相談に来てくれれば良かったのに……」と言ってしまうようなご相談も、実はいまだに少なくありません。

不動産投資の世界では、ライバルは確実に増え続けていますが、まだまだ勉強した人が勝ちやすい世界だと思います。**投資分析の仕方を理解し、かつ相場観をしっかり把握しておけば、まず失敗はないと思います。**耳障りのいいキャッチコピーにまどわされないで、ちゃんといい不動産を選べるようになれば、不動産というものは堅実な資産形成の手伝いをしてくることでしょう。

そして、不動産投資とは、「投資」と名はつくものの、その実は「貸家業」であり、ひとつの事業です。そのため、ひと晩にして大きく儲けたり、元手も無しに一気に億万長者になれたりといった夢のようなモノではありません。地道な投資であります。

ただ、そのかわり、時間をかけてコツコツと進めていくことで、最も

第4章　投資分析を徹底的に理解する

手堅い資産を築け、そして安定的な収入の形成に寄与してくれるのは間違いありません。

そして、事業ですので、株式投資のように誰かが損するから得するようなゼロサムでもなく、借り手の満足度を上げることが貸し手の利益にもつながるわけです。

世界中で行われていることですが、気づいていた人たちはコツコツと不動産の取得を進め、それらを活用することで生まれる家賃収入という収益を生活資金へ、または事業資金の補足として活用してきた事実があります。あわせて不動産には、それを担保として更に資金調達できるというメリットもあり、資産拡大が加速されるのです。

この本を読んでいただいている方々は、少なくとも不動産投資に興味を持ち
「アパートやマンションを買って家賃収入を得たい」
「給与収入以外の収入源を確保しておきたい」
「老後の収入を確保しておきたい」
「自己資金を効率的に運用させたい」
「相続対策として家族に資産を残したい」
など、皆さんそれぞれの経緯があったことと思います。

では、具体的に不動産投資を進めていくには、何から始めたら良いのでしょうか？
まずは、書店へ足を運び、「不動産投資」と名のつく書籍を買ってみる、もしくは、インターネットで情報を集めてみる。または、最近増加傾向にある不動産投資専門業者の開催しているセミナーに参加してみる、といったところでしょうか。
ただ、インターネットを始めとしてこれだけ情報収集が容易になると、「何が正しい情報なのか」「本当に有益な情報は何なのか」ということを

「選択」するということが、非常に難しい時代なのだと思います。

　ある人が「良い」と言ったことに、ある人は「ダメ」だと言う。書籍やインターネット、もしくは大家さん同士の勉強会などのいろいろな媒体から得られる、それらの複雑なアドバイスのような、時には無責任な情報が絡み合い、結局「何をどうして良いのか」わからなくなる。そして最後に、私たち宛にご相談にみえる人が少なくありません。それならまだ良いのですが、既にスタートを切った人が失敗された後にハタと気づいて駆け込んでこられることも数多くあります。

　成功するためには、この投資分析を含めて「普遍的な」、これを学べば失敗しないという理論を知ることが大切です。

　そして、他者の成功体験が、いまこの瞬間の市況や資金調達状況において、皆さん自身にあてはまるかどうかは別です。

　しかも、「何年後にいくらぐらいのキャッシュフローが欲しい」といった目標、あわせて「投下できる資金」や「資金調達力」というものは、各人の個人属性（勤務先・年収等）や資産背景によって大きく異なります。

　だからこそ、**他者が「できる」ことと、自分が「できる」ことは違うということ、あわせて自分が「やるべき」ことも違うのだ**ということを理解しなければなりません。

　事業である以上、自らが経営判断しなければなりません。

　特に経験のない人は、我々のような専門家のアドバイスや運営上のプロである管理会社との協力も必要な要素だと思います。

基礎編

第4章　投資分析を徹底的に理解する

実務編

想定できるあらゆるケースに対応可能な実践例

① 新築投資用区分マンションについて

まず、都内の新築の投資用区分マンションの収益構造について、説明します。

たとえば、**物件金額3,000万円に対して諸費用150万円**、新築マンションの売主なので仲介手数料は不要。諸経費は、仲介会社が間に入る中古物件に比べて安くすみます。ただし、合計金額では結果的に割高になります。投資分析すると以下のようになります。

図表2-5-1

東京都内　新築投資用　ワンルームマンション

諸費用150万円	自己資金50万円
物件価格 3,000万円 （投資総額 3,150万円）	借入金額 3,100万円 銀行：某銀行 金利：2% 期間：45年

	見込売上	96万円
▲	空室・未回収損	0万円
	実効売上	96万円
▲	運営費	17万円
	営業純利益	79万円
▲	負債支払額	104万円
	儲け （キャッシュフロー）	▲25万円

　図表2-5-1のように**投資総額は諸経費込みで3,150万円**、これに対し融資で3,100万円、初期費用をほぼ借りられるとします。

　銀行は**某銀行で、金利2%、期間45年**。銀行がよろこんで貸してくれる商品ではあります。

　しかし、銀行が喜んで貸してくれる不動産が良い不動産かという

ことは別です。そこは、注意が必要なところです。

　また、**自己資金が50万円**で済み、場合によっては、全額借りられるケースもあるでしょう。

　諸費用はこちらが持ちますという業者がいて、結果的に初期費用が0で買える不動産もあります。もちろんその分、価格に利益がのっています。

　そして、その**見込売上が96万円**。

　サブリースが付いています。「うちが借り上げます、またはグループ会社がサブリースで8万円を家賃保証します。ですから、空室率は、みなくて結構です」などという言う業者もあります。その説明に従うならば**実効売上は96万円となります**。

　ランニングコストは、つまり区分マンションなので管理費、修繕積立金があり、新築の区分マンションについては、管理会社が分譲会社の子会社である場合が多いので、管理費、修繕積立金などは、安く抑えられています。

　結果的に固定資産税、修繕管理手数料も安かったりして、**運営費総計17万円**を払いました。

　そして、**営業純利益は79万円**。

　3,100万円を借入れしていますので、**金利2%、45年の返済で年間104万円の返済です**。

　それらを引きますと、**図表2-5-1のように儲けとしては、マイナス25万円になります**。

不動産買います、銀行からお金借ります、家賃入ってきます、ローン返します、儲けがマイナス—これでは、不動産投資はダメなのです。

投資分析しますと、次の**図表2-5-2**のようになります。

	見込売上	96万円
▲	空室・未回収損	0万円
	実効売上	96万円
▲	運営費	17万円
	営業純利益	79万円
▲	負債支払額	104万円
	儲け （キャッシュフロー）	▲25万円

営業利益　　　　79万円
÷投資総額　　　3,150万円
=利益率　　2.5%

キャッシュフロー　▲25万円
÷自己資金　　　50万円
=資本効率　　▲50%

営業利益　　　　79万円
÷負債返済　　　104万円
=安全率　　0.76

収益構造でマイナス25万円。

それに対してデベロッパーの営業マンはこう言うでしょう。

「月々2万円で45年後にはローンの支払いも終わり、年金代わりになりますよ。3,100万円分の**団体信用生命保険**がつきますので、万が一ご自分が亡くなられても、その保険金でローンは支払わなくてすみますので、この表（**図表2-5-2**）の営業純利益79万円が遺族に残ります」

次に詳しく分析してみます。

　営業利益79万円を投資総額3,150万円で割り戻してみますと、利益率2.5%です。

　しかし、見込売上は、新築時の賃料設定つまりサブリースの賃料を基にしていますので、実際には、もう少し利益率は、低くなります。

　キャッシュフローがマイナス25万円。

　この不動産を買うために**頭金50万円（自己資金）**を入れています。

　よって、**キャッシュフローを自己資金で割り戻した資本効率は、マイナス50%となります。**

　毎年お金が、マイナスなので出ていく一方です。

次に、**安全率**です。

営業純利益が負債支払（銀行への返済）の何倍あるかということ
で、**79万円を104万円で割り戻すと0.76**になります。

つまり、持てば持つほど、お金が出ていきます。

不動産の収入が入ってきます、経費出ていきます、銀行への返済があ
ります、それで儲けがマイナスですから、それを補てんし続けなければ
なりません。

投資としては、破たんしてしまっています。その物件からの収入でま
かなえていないわけです。

かつ、次の**図表2-5-3**ですが、**将来の売却想定価格が、大切**です。

図表2-5-3

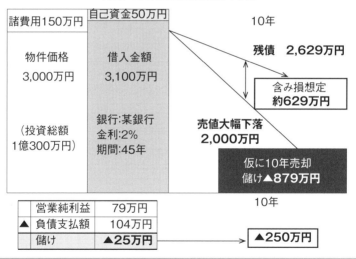

将来の売却想定価格が大切

先の借入額3,150万円、金利2%の45年返済の事例です。

購入してから10年経ちました。

10年後の残債が2,629万円。

45年返済なので、元金がなかなか減らないです。

実務編 第5章 想定できるあらゆるケースに対応可能な実践例

それでいて、**10年後の売値は、新築直後に比べ、著しく落ちて**います。

　甘く見ても2,000万円で、まだ残債2,629万円もありますので、売却しようとすると、その**含み損は629万円**です。

　かつ、**マイナスキャッシュフローの10年間**ですから、この表のように**マイナス250万円**。

　仮に10年後に売却しようとすると、**含み損とマイナスキャッシュフローを合算した879万円の損**となります。

ですので、基本的にはやめておきましょうということになります。

しかし、デベロッパーの営業マンが購入のメリットを言ってきます**が、以下の点に注意してください。**

①新築なので長いこと所有できる安心感

➡投資ですから、貸して、家賃が入ってきて、経費引いて、返済して利益残るか、**売却して利益残るか、という視点が大事**です。

②サブリースで賃料が確定している安心感

➡そのサブリース会社がいなくなったらいくらで貸せるか、**新築プレミアムがなくなったらいくらで貸せるかが大事**なポイントです。

③仲介手数料がかからないので諸費用が割安

➡仲介手数料がかからなくても、その分は物件の価格にのせられていますので、**要は諸経費のところで考えるのではなく、投資総額に対して得られる利益がどのくらいなのか、利益率が何パーセントなのか**で判断しなければなりません。

④自己資金は、「ほぼ」必要なく融資で買える

➡自己資金ゼロで買える不動産が良い不動産かどうかは、別です。
諸費用は負担しますという業者がいます。**何で費用が負担できるの
かといえば、それだけの儲けがあるから負担できるに過ぎません。**
自分の資金を出さずに資産が持てると考える方もいますが、資産で
はなく「負債」になっていないかという視点が大切です。

⑤節税効果が得られる

➡不動産を購入した初年度には、その経費の半分ぐらいを税制上の経
費として計上でき、その不動産所得がマイナスになれば、税金の還
付はありえますが、2年目以降は、税金を払う必要が出てきたりし
ます。
**キャッシュフローの計算と税金の計算は別ですので、キャッシュフ
ローがマイナスでも税金の計算上で不動産所得が黒字になれば、税
金を払わなければなりません。**キャッシュフロー上マイナス25万円
に加えて、さらに税金を払うことにもなります。

⑥新しいため出口（売却）が取りやすい

➡**新築の投資マンションは、購入した時の値段がピークです。それ以
降は、どんどん下がっていきます。売ったときに、売却損がでてき
ます。持っているときは、キャッシュフローがマイナスで、売ると
きには売却損がでる。**これでは、儲かるところがありません。

⑦空室率が低い

➡**これは、場所によります。**都心の確かなところは、確かに空室率は
低いです。ただし、**購入価格が高すぎると儲けがでません。**

⑧団体信用生命保険（団信）加入で保険代わりになる

➡確かに、保険代わりになります。しかし、先ほどの事例で**月々2万
円のキャッシュフローでしたが、今は、もっと割安の保険料で多額**

の補償のある生命保険に入れます。

⑨ローンが終わったら年金代わりになる

➡これも、年金代わりになるかもしれませんが、たとえば、先ほどの
事例でもローンの返済が45年後です。**長過ぎます。まして、その間
キャッシュフローは、ずっとマイナスです。**

まとめると、**効率的に資産拡大をしたいなら、価格が高すぎる新築の
投資用区分マンションの購入は、やめておきましょう。**

2 築浅の投資マンション買う前に聞く話

「築浅」とは、ここでは築10年以内くらいと定義します。

東京都墨田区にある築浅（築10年）の投資用ワンルームマンションを業者から買われた方からのご相談の実例を基にお話しします。

図表2-5-4

東京都墨田区　築浅（築10年）
投資用　ワンルームマンション

諸費用150万円	自己資金10万円
物件価格 2,500万円 （投資総額 2,650万円）	借入金額 2,640万円 銀行:某銀行 金利:2% 期間:45年

	見込売上	**108万円**
▲	空室・未回収損	—
	実効売上	108万円
▲	運営費	23万円
	営業純利益	85万円
▲	負債支払額	89万円
	儲け （キャッシュフロー）	**▲4万円**

物件価格は2,500万円。

この**図表2-5-4**では、諸費用は150万円としていますが、実は諸費用の額は、わからないということでした。なぜわからないかと言うと、売主の不動産業者が負担してくれたということでしたが、結局、それは販売金額に込みで加えられている販売手法だったりします。

いずれにしても、**諸費用は150万円と想定**して、物件価格2,500万円を合わせて、**投資総額2,650万円**。

その物件に対して**2,640万円の借入金額を某銀行から年利2%、返済期間45年**。

これは築年数がまだ新しいので45年で組めるということで、**自己資金10万円のみで購入**することができるというわけです。

「お金はあまりないですよ」と**購入者はその不動産会社に言ったようですが**、「何とかします」とのことで、**2,640万円の融資を受けられて**、

その物件の購入ができた、というケースです。

「何とかします」と言われたからといって、売買契約書の偽造など、いつの間にか非合法なスキームに加担してしまわないよう気をつけましょう。

	見込売上	**108万円**
▲	空室・未回収損	—
	実効売上	108万円
▲	運営費	23万円
	営業純利益	85万円
▲	負債支払額	89万円
	儲け （キャッシュフロー）	**▲4万円**

営業利益 　　　　85万円
÷投資総額 　　2,650万円
＝**利益率** 　　**3.2%**

キャッシュフロー 　▲4万円
÷自己資金 　　　　10万円
＝**資本効率** 　**▲40%**

営業利益 　　　85万円
÷負債返済 　　89万円
＝**安全率** 　**0.96**

　図表2-5-5の見込売上は、現在の貸出し賃料、**現行月額9万円の家賃**が入っています。

　この時点では、空室損はなしとの売主側からの説明に従えば、実効売上は、見込売上と同額の108万円となります。

　運営費（区分マンションなので、管理費、修繕積立金、固定資産税、都市計画税、賃貸管理手数料）は、販売図面を基にすると**23万円**となったため、**営業純利益は85万円となります。**

　銀行へ返済（負債支払額）が89万円。

　そうすると、**図表2-5-5**のように、**儲けはなく、マイナスのキャッシュフロー**ということが判明しました。

　利益率は、営業純利益85万円を投資総額2,650万円で割り戻すと3.2%となります。

　資本効率は、**儲けはマイナス4万円ですので、入れた資金10万円で割り戻す**と、その10万円の運用リターンがでます。それが**マイナス40%**。

持っていれば持っているほど、赤字が続くとういう状態です。

安全率は、営業純利益が負債支払（銀行への返済）の何倍あるかということで**0.96になります。**

つまり、返済額が大きいということになります。この数字が1を割っているということは、手元にお金が残らないということを示しています。

あえて、返済期間を短くして、キャッシュフローをマイナスにしている場合もありますが、それが目的でないときは、投資としては、成り立っていないといえます。

購入された人の手元の資料では、賃料は9万円で入っていますが、**果たしてこの入居者が退去して、その後同様に9万円で貸し続けられるかという問題**があります。

本当は、この家賃は現行入居賃料ではなく、**相場賃料として計算**し、かつ、空室損も見込まなければなりません。

そこで、この**図表2-5-5**を修正して、**賃料を相場賃料で引き直して、9万円を8万円とし、空室損も5%計上**しました（**図表2-5-6**）。

実務編 第5章 想定できるあらゆるケースに対応可能な実践例

図表2-5-6

☑「入居賃料」ではなく「相場賃料」で計算
☑空室損も計上

	見込売上	**96万円**
▲	空室・未回収損	5万円
	実効売上	91万円
▲	運営費	23万円
	営業純利益	68万円
▲	負債支払額	89万円
	儲け（キャッシュフロー）	▲21万円

営業利益 68万円
÷投資総額 2,650万円
=利益率 2.6%

キャッシュフロー ▲21万円
÷自己資金 10万円
=資本効率 ▲210%

営業利益 68万円
÷負債返済 89万円
=安全率 0.76

図表2-5-6のとおり、**キャッシュフロー（儲け）**は、マイナス21万円です。

　この物件の本来の収支が見えてきました。

　すると、**利益率（実質利回り・FCR）**は、当然下がって、2.6％。

　最近の都心の中古区分マンションにおいて、そのFCRは3.5％から4.5％ですので、かなり低いといえます。

　資本効率は、キャッシュフローのマイナス21万円を自己資金10万円で割り戻すとマイナス210％。

　持っていれば持っているほど入れた資金に対して年間マイナス210％で運用されていくということで、赤字がどんどんたれ流しの状態であるとういことがわかります。

　安全率は、営業純利益が返済額に対して0.76ということですから、圧倒的に入ってくる利益より出ていくお金のほうが多いということです。

　1.3を一つの目安とすると、この**負債支払額（返済額）を抑えるには、頭金を**もっと入れなければならなかったということです。

　10万円だけしか出せない人が本来ならば買って良い不動産ではなかったということになります。

　それでは、**いくらで買ったら適正の値段だったのか**。

　V＝I/R

という不動産の計算式があります。**収益還元法**です。

図表2-5-7

いくらで買えば適正だったのか?

不動産投資における大原則。キャップレートによる収益還元法

NOI(ネット収入)

$$\downarrow V = \frac{I}{R} \uparrow$$

バリュー(価値)　　キャップレート(資本化率)
（期待利回りのようなイメージ）

営業純利益(NOI)　68万円
÷　4%　（近隣キャップレート）
=1,700万円（価値）くらいかなぁ…

> **ネットの収入＝営業純利益（I）を**
> **キャップレート＝相場の期待利回り＝（R）で**
> **割り戻すと適正な価値（V）がでます**ということで、
> 適正な購入金額だったり、適正な売却価格であったり、相場の売却価格がわかります。キャップレートは、そのエリアによって異なります。
> **営業純利益（NOI）は68万円。**
> 相場の賃料に直して計算すると68万円でした。
> **近隣のキャップレートは、だいたい4%**なので、**割り算すると、1,700万円。これが適正価値です。**

　つまり、**1,700万円の物件を2,500万円で買ってしまっている**ことを、この計算式を知っている人は気づくことができます。しかし、この事例の人は、2,500万円で買ってしまいました。つまり、我々の考える相場より高く買ってしまったということです。

そこで、次の**図表2-5-8**です。

図表2-5-8

将来の売却想定価格が大切

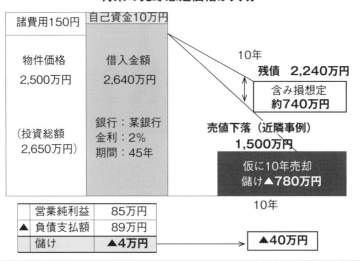

	営業純利益	85万円
▲	負債支払額	89万円
	儲け	**▲4万円**

▲40万円

　2,640万円の借入金額があります。

　それは減っていきますが、**10年後はまだ残債が2,240万円**あります。

　それに対して**10年後の売却価格**は、近隣価格を参考にすると下落して、**1,500万円**くらいでないと売れないと想定されます。

　すると、**売却金額より残債が多いわけです。含み損740万円**あるという状態になるわけです。

　次に、マイナスキャッシュフロー（儲け）についてですが、現行の賃料が入ってくるとした場合でマイナス4万円の10年間で**マイナス40万円です**。

　含み損と合わせて780万円の売却損というのがわかります。

不動産を持って途中で売却しようとしても、売却損が出てしまいます。**なぜかと言うと、市場価値より高く買い過ぎているから**です。

　ローンは減っているのですが、値段はもっと下回っているので、このような状態になってしまうということです。

　ところで、販売業者から購入のメリットを聞かされると思います。それに対するコメントと合わせて次のとおりにまとめました。

①ほぼ融資で自己資金「10万円」で資産が持てる
➡10万円で「時価＜借入金額」の債務超過者は、10万円で買えたつもりが、思いっきり損を背負ってしまっています。

②「低金利」かつ「融資」がつくから買う
➡買うのが目的になってはダメです。
　融資要件が良いのと物件が良いのは別問題です。
　銀行が融資するから良い不動産ということではないので注意してください。

③比較的新しいので長期期間所有できる安心感
➡マンションごとに修繕積立金が違い管理状態は異なります。
　修繕積立金はしっかり貯まっているのか、その積立金でマンションのメンテナンスがこれからできるのかということが大事です。
　新しいかどうかは、別問題です。古くてもちゃんと管理している物件、しっかりと計画修繕している物件には、良い物件がたくさんあるので、そこはまた切り離して考えなければなりません。

④サブリースで賃料が確定している安心感
➡そのサブリースが解除されたらいくらで貸せるのか、もしくはサブリース会社の逆ざやになっていないかの確認が大切です。
　そのサブリースの会社が倒産したとしたら、その賃料で借りてくれる顧客がいるのか、また、売主さんが9万円の家賃保証してくれて

いるが、実際にはサブリース会社が入居者からもらっている賃料が８万円でサブリース会社は１万円家賃を損しているケースもあります。つまり逆ざやです。損をしていますが、立て替えて、オーナーに払ってくれています。

何でそれができるのでしょうか。それは最初に売ったときの利益でそれを補てんしているからです。だからこそ、逆ざやでも家賃保証し続けられます。そうしなければ高く売れないということです。また、売り続けなければ家賃が払えないという状況に陥ります。そのように逆転していないかの確認が必要です。

⑤仲介手数料がかからないので諸費用が割安

➡仲介手数料がかかったとしても価格プラス諸費用の総額に対して利益率が何パーセントとれるのかをしっかりみなければいけません。

⑥節税効果が得られる

➡節税効果が得られるのは購入時の初年度だけで次年度以降は、減価償却期間も長いことから償却費用も薄く、逆に納税が発生するケースが多いです。

買った初年度は、経費計上して税金の還付を受けられましたが、２年目以降は、逆に税金を払わなければならないというケースが多いです。

特に個人で持って確定申告する場合は、不動産所得が仮にマイナスになったとしても、ローン利息分、土地取得に係る部分は経費計上できなかったりしますから、意外に２年目以降は、税金の還付を受けられないということは、結構あります。

⑦新しいから出口（売却）が取りやすい

➡そもそも市場価格より高値で買ってしまうと、売却価格が大きく下落することから売却したくてもできません。

残っているローンを下回る売値で、逆に売却損が出るとなったら、仮に売ろうと思っても、売却価額が債務、借入れの価額を下回っていると売手の抵当権抹消するために、差額分のお金を出さなければ、売りたくても売れません。

⑧空室率が低い

➡立地が良ければ、それが救いとなります。ただ、賃料は引き直す必要があります。
賃料は、新しいときより基本的に下落しますので、引き直して近隣相場で計算しなければなりません。

⑨団体信用生命保険（団信）加入で保険代わりなる

➡割高さを考えると、あまりにも高い保険ではないでしょうか。

⑩ローンが終わったら年金代わりになる

➡長期ローンであればあるほど、年金は遠のきます。事例では45年かかります。現金で買うか繰上げ返済して他の物件または投資に資金を回したほうが効率的だったりします。

もうひと言

1　1戸所有ならまだしも、3戸になり賃料が相場並みに下落すると、月6〜8万円のマイナスというケースもざらにあり、生活費でまかなうものの苦しくなり売却を検討して初めて債務超過（時価＜借入残高）に気づくケースも多いです。

　不思議なことに、たとえば、年収500万円の方の組める住宅ローンは5,000万円前後ですが、投資用ローンだと3つでも4つでも1億円ほど買えてしまうことがあります。
　それで、家賃が下落しました、マイナスが6万円になった、そして8万円になって、生活が苦しいから売ろうと思ったときに、やっと次のことに気づきます。

・残っている借入金額より売ろうと思った金額が低い
・時価、市場価格を借入金額が上回ってしまっている
・債務超過になっている

それでは現金を継ぎ足して、売却できるかというと、それだけの資金がなければ、持ち続けるしかありません。もしくは、破産するしかなかったりするわけです。持ち続けられるならまだ良いのですが、持ち続けられないと大変なことになります。

2 　所有継続、繰上げ返済以外にも他物件の追加投資で**ポートフォリオを改善**していくなどの方法もあります。

資本比率の高い物件を買って、現金でワンルームマンションを買って、今の資産に足すことによって、収支バランスを改善していくという方法もありますので、そういう選択肢も検討して良いでしょう。

結論として、効率的に資産拡大したいなら、新築区分マンション投資は、やめておきましょう。**区分マンション投資は、中古が鉄則**ということです。**築浅物件**などについても、**必ず投資分析を行って**から投資しましょう。

③ 中古ワンルームマンション投資のメリット・デメリット

①少額の自己資金で購入できる

　１棟アパートとか１棟マンションと比較して、比較的少額の自己資金で購入できます。

　金融機関によって融資条件にバラつきはあるものの、諸経費分まで融資してもらえるケースもあります。

　融資を組んで不動産を買うときは、安全率（DCR）という指標があります。その指標が、**不動産の家賃収入から諸経費を引いて、営業純利益を出して、その営業純利益が銀行の返済額に対して1.3倍以上あるような資金計画で不動産を買われるということをおすすめ**しています。

DCR（NOI÷ADS）＞1.3

　単体でそれを実現できれば良いのですが、**もし単体でDCR 1.3をクリアーできなくても、全体のポートフォリオで、他の物件を複数持っているなら、総合的に判断することが大切**です。

　物件価格と評価額（銀行の査定額）に差がある場合には、他の担保を入れること（共同担保）で融資額を伸ばしたりすることができます。融資の組み方は、いろいろあります。

②好立地の立地物件に投資できる

　たとえば渋谷駅または新宿駅で徒歩10分以内の１棟アパートもしくは１棟マンションを持とうとすると、そもそも**地価が非常に高いので、利回りがかなり低くなってしまいます。個人投資家が買うとしても自己資金を多く入れないと収益が出づらく**、うまみが非常に薄いとか、逆にそもそも手が届かないことが多いのですが、区分マンション１室であれば、東京都心の一等地でも、神奈川県の一等地である横浜市・川崎市の主要なエリアでも、まだまだ購入可能です。

③保証人不要で融資が組めるケースが多い

　１棟案件に比べると区分のマンションは、1,000万円とか1,500万円ですので、銀行から保証人はいらないと言われるケースも多いです。

　親の承諾を得られないとか、奥さんまたは旦那さんのOKをもらえないとか、独身の人とか、保証人が立てられないケースでも普通に取り組みができたりします。

④建物管理会社の存在

　たとえば、区分のマンション１室を持った場合、**入居者を管理してくれる賃貸管理会社もありますし、またマンションの建物全体を管理してくれる管理会社がありますので、定期的なメンテナンス、修繕計画を立ててくれたり、維持メンテナンスをやってくれたりしますので、その煩わしさがありません**。

　１棟物件だと自分で修繕計画を考えたりとか、自分で判断したりしなければならないことがありますが、区分マンションであれば、外壁、防水とか、将来的な修繕は、建物管理会社が計画して、ある程度レールを敷いてくれますので、手間がかかりません。

⑤立地による分散

　１棟マンション、１棟アパートを買うと、そこに10世帯、15世帯と１ヶ所に集まってしまいますが、区分のマンションですと、いろいろな所で１戸ずつ持つことができますので、そういう意味では、立地を分散することができます。

　１棟アパートですと、１室で事件、事故が起きてしまうと、他の部屋の家賃も下がってしまうとか、他の部屋の入居者が退去したりとかということがありえます。

　たとえば、その建物で殺人事件が起きてしまった場合など、**区分の１室であれば、このマンションの１室で事件が起こっても、こち**

らの１室には関係なしということで、**リスク分散**できることが非常
に重要なことだといえます。

　万が一、大地震で１部屋の損害を受けて賃料が入らない期間がで
きた場合でも、複数もっていれば他の物件のキャッシュフローでカ
バーできたりします。

⑥前オーナーの修繕積立金を引き継げる

　区分のマンション１室持っていると、自宅マンションに住んでい
ても同じですが、管理費とか修繕積立金を納めなければなりません。
この修繕積立金は、全部の各オーナーから徴収してプールされてい
て、どこかを直したりとか、将来的な修繕計画の予算にあてるとか、
マンションをきれいに維持していくお金ですが、**今までのオーナー
が積み立てたお金をその物件を買った瞬間から、もともと貯まって
いるものを新オーナーが引き継げるということで、前のオーナーが
払ったお金を使って、自分の今後の資産価値を維持**していくことが
できるので、かなり大きな利点になります。

　これが１棟物件ですと、買った瞬間から、将来的に修繕に備えて、
自分のお金で、ゼロから貯めていかなければなりません。

⑦建物グレードが高いものを購入できる

　１棟アパート、１棟マンションであれば、都内では、投資家が買
える範囲といえば、30〜40戸の規模だったりしますが、区分の１室
であれば、それこそ100世帯とか150世帯のマンションの１室を買う
ことができるわけです。

　それぐらいの規模のマンションですと、だいたいエントランスを
きれいにしているとか、管理人がいるなどグレードが良いものを持
つことができます。**１室しか持っていなくても、建物全体に関して、
共用部分は、自分自身も権利を持っている**ことになりますので、非
常に**グレード高い不動産を手に入れる**ことができます。

⑧客付けしやすい部屋に絞れる

　1棟物件ですと、どうしても1階部分が絶対ついてきます。基本的に入居付けしやすいのは、上の階、2階、3階、かつ、角部屋だったり、日当たりが良い部屋だったりしますので、どうしても1階部分は、不利になる傾向があります。したがって、家賃も1階部分の中部屋の設定が一番安くなります。売りに出回っている区分のマンションで、安いなと思って見ると1階部分だったり、隣接する建物の影響で日当たりや眺望が悪かったりします。それは、入居付けのしづらさとか、家賃が低くなってしまうことによって、売却価格に影響を与えてしまうということがあるからです。

　区分のマンションの場合ですと、良い部屋だけ選んで買えばいいわけです。2階以上の部屋で角部屋だけ買うことができますから。客付けしやすい部屋に絞れます。

図表2-5-9

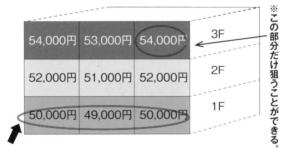

☑一番成約になりにくい部屋が、一番賃料設定が低くなる。
　一般的には上層階の角部屋から決まっていく。

※区分ワンルーム投資でこの部分は基本的に買わないほうが良い。

⑨バラ売りできる

　たとえば、子どもの学費が必要になったり、親の医療費が必要になったり、もしくは片方の物件の修繕費用が必要になったという急遽現金が必要になった場合であれば、片方の物件を売却してその資金にあてるとか、自分の生活費に充てるとかなど、片方の物件を売

ったからといって、ほかの物件を貸し続けることができます。

　1棟のアパートですと、これしか持っていなくて、売ってしまうと、売った現金で不動産を買わない限りは、ほかに家賃収入が入るあてがなくなります。

**　10物件区分のマンションを持っていて、1物件だけ売って入れ換えることはできますが、10世帯のアパート1棟だと、それを売ってしまうと、キャッシュフローが入ってこなくなったりします。**

⑩団体信用生命保険に加入する

　団体信用生命保険に関しては、別に区分のワンルームマンションの投資に限った話ではありませんが、基本的にはアパートローンを貸してくれる**金融機関は、「団体信用生命保険（以下「団信」という）に入ってください」と言う銀行も**あれば、「これは任意です」という銀行もあります。

　団信とは、ローンを借りるときに合わせて保険に入ります。自分が亡くなったときに生命保険金がおりて、ローンが清算される、そうすると遺された家族には、ローンのない不動産が残される（NOI（営業純利益）＝CF（キャッシュフロー）となる））ということです。

　家賃が丸々残る、ローン返済しなくていいということで、遺族の生活保障ということで、高額の生命保険を**掛け捨てで入っているくらいなら、**不動産を買って、家賃収入を得ながら、保険代わりに、団信に入っておけば、何かあっても、ローンは清算でき、家賃収入が入ります。家賃収入はいらなくて、もしくは一括で現金が欲しいのなら、ローンのない不動産を売却すれば、一気に現金化することが可能なわけですから、そういうやり方もあるということです。

①融資を付けづらい

　一般の人からすると、不思議な話ですが、1,000万円のアパートローンを借りるより1億円のアパートローンを借りるほうがハードルが低かったりすることが結構あります。

　要は、銀行からすると1億円貸すのと、1,000万円貸すのも手間は一緒ということで、同じ時間かけてより融資実績が増えるのは、もちろん1億円の融資だというわけです。

　そうすると、区分のマンションのほうが融資のハードルが少し高かったりとか、あとは金利を上げていたりとかいうことが結構あります。

　ただ、**区分マンションへの融資を止める銀行もあれば、やり出す銀行もあったり、金融機関の情報が変わりやすいのも、特にこの区分のマンションの投資**です。我々の場合、そこは**常にアンテナを張って、情報収集**することで、クライアントが立て続けに物件を増やすということが可能だったりもします。

②建物の利用範囲が制限される

　区分マンションでは、基本的に**建物全体のことを決めるときは、多数決**です。管理組合ができますので、その**管理組合で物事を決めていきます。**

　いわゆる大規模修繕、どことどこの修繕をして、これだけお金をかけようとかは、多数決で決めていきます。たとえば、自分がこのマンションの色を青色にしたいと思っても、多数決で青色にしようとならなければ、色も勝手に決められません。

　これが1棟アパートとか1棟マンションであれば、自分がオーナーなので自由にルールを決めたりとか、自由に建物の修繕をすることができます。

③管理規約の存在

　勝手にルールを変えることができないので、多数決でペットの飼育不可とか、リフォームの制限などが決められています。したがって、その管理規約に従わなければいけません。

④空室リスク

　ワンルームマンションを１部屋しか持っていないと、そこが空いてしまうと、空室率100%、稼働率ゼロということになりますので、**区分のマンション投資ですと、複数で2〜3戸、できれば数を増やしていかないと、空室リスクで１戸空いてしまうと、家賃収入で経費とローン返済をまかなえず他の所得からの持ち出しになってしまう場合があり**ます。３つのうち１戸空いても、他の２つのキャッシュフローでローン返済をまかなえるような計画をすれば、全体で持ち出しにならず、キャッシュフローを黒字に維持できますので、**早いタイミングで数を増やしていく**ことが大切です。

　まとめとして、メリットがあればデメリットもあり、一長一短があります。

　また、区分マンション投資が向いている人もいれば、１棟物件投資が向いている人もいます。そこは検討の上、判断をしていくことが、肝要です。

④ 買入れるときの確認事項（区分マンション）

- ・ 固定資産税公課or評価証明書（土地・建物）
- ・ 入居者内容属性と賃貸契約書の写し
- ・ 土地建物謄本、公図、地積測量図、建物図面
- ・ **重要事項調査報告書**
  - （積立金の総額や今後の値上げ・修繕履歴・予定）
  - （マンション内やフロア内の事件・事故）
- ・ 総会議事録
- ・ 修繕履歴
- ・ 長期修繕計画
- ・ 管理規約
- ・ 告知事項（滞納者・事故など）
- ・ 消費税額の有無と金額確認、売却理由
- ・ 賃貸契約書の原本有無と部屋ごとの鍵の有無

　中古の投資用区分マンションを購入する際に相談に来た人に、よく「ここを確認しなかったのですか？」ということがありますので、ここで知っておくべきポイントを説明します。

　中古の投資用区分マンションを購入する際、この条件で買いますということで、**買付承諾書**（あるいは購入申込書、買付証明書という場合もある）が必要になります。

　投資用の中古マンションの場合、確認することが意外とあります。現場では、調べなければならないことが数多く、また各方面に確認を行っています。これも地道な作業ですが、さまざまな問題点をクリアしなければならないので、一つひとつ調査しながら解決していきます。

図表2-5-10

買付承諾書

※「この価格なら買いますよ」という金額を記載する。

承　諾　書　　　　　株式会社　〇〇〇〇

◇物件の表示
所在地　横浜市
物件名
面積　専有面積 17.15 ㎡ / バルコニー 4.00 ㎡

◇契約代金に関する事項

売買代金	6,500,000 円				
手付金	500,000 円	令和　年　月　　日			
中間金		令和　年　月　　日			
中間金		令和　年　月　　日			
売買残金	6,000,000 円	令和　年　月　　日			

◇契約場所に関する事項
　契約年月日　令和　年　月　　日
　契約時間　AM/PM　ご相談
契　約　場　所

◇契約に関する事項
・固定資産評価証明書と重要事項調査報告書の事前確認
・今までの修繕履歴と今後の中長期修繕計画の事前確認
・入居者身上書と賃貸借契約書の事前確認　・ローン特約

◇契約時にお持ち頂くもの
□ご印鑑（□実印 □認印）　本　□権利書
□住民票（家族全員）　通　□課税証明書
□健康保険証　□運転免許証
□印鑑証明書（　　）　通　□
□源泉徴収票　通　□

◇契約時にご用意頂く金額
・手付金　500,000 円　・印紙代　10,000 円
・仲介手数料　　　　　　円　・
・仲介消費税　　　　　　円　・
　　　　必要金額 合計
・仲介手数料 280,500 円　（消費税含）

令和　年　月　　日 株式会社〇〇〇〇宛上記本物件を売買代金にて　購　入　することを承諾します。
　　住　所　　　　　　　　　　　　　　住　所
　　住　所　　　　　　　　　　印　　住　所　　　　　　　　　　印

※ローンを利用する際は、その旨記載する。

　1億円の1棟アパートより、意外に中古の区分マンションのほうが確認することが多かったり、調査事項が多かったり、手間が多かったりすることがよくあるのですが、基本的にこの買付承諾書にあるように、物件を持っていて、収益はどうなのか、かかる運営費の部分（ランニングコスト）の、まずはその確認が必要です。

　固定資産税がいくらかかるのかとか、入居者の内容がどうなのかとかが書かれている上記買付承諾書と、その中に記されている「**重要事項調査報告書**」というのがマンションごとにあります。

　この重要事項調査報告書によって、次のことがわかります。

- **修繕積立金の総額が今どのくらいあるのか**（区分マンションでは、毎月修繕積立金を払いますが、その修繕積立金をプールして、マンションの維持管理と修繕、メンテナンスに充てるわけです）
- **いままでどのような修繕をしてきたのか**

- **今後どのような修繕をしていく計画なのか**
- マンション内で事件・事故がなかったか
- **管理費あるいは修繕積立金の値上げ予定はないのか**
- **マンション財務状況**
- ハード面の整備状況など

コラム

◆修繕積立金について

　既に不動産投資をして、区分のマンションを持っている人が相談にみえることがあります。私どもと直接取引したのではなく、既に物件を持っていて、ご相談にみえるという人が少なくありません。

　そこで、「修繕積立金は、このマンションで今いくらぐらい貯まっていますか?」と聞いても、全然知らない人がかなり多いです。

　何でそのような話になるかというと、ヒアリングをしながら、そのマンションの収益計算をさせていただいて、どういう儲けになっているのか、果たして割高なのか、割安なのか、今売ったらいくらぐらいなのかを計算するためです。

　要は、持っている**資産の棚卸し**を1回させてもらうのですが、管理費を聞いて、積立金を聞く流れのなかで、「毎月の積立金は1,000円です」などと聞くと、たぶん修繕積立金は、あまり貯まってないのではないかと私どもは思うわけです。

　そこで、「現在、そのマンションに総額でいくらぐらいの積立金が貯まっているか知っていますか?」と聞きますと「わからない」と。「総世帯数は何世帯ですか?」と聞くと「20世帯ぐらいです」と、それを聞くと、修繕積立金は、全然貯まってないなという思いが、より強くなります。

　なぜこの確認が大事かと言うと、

　修繕積立金が貯まっていないと、将来当然値上げしなければならないとか、一時金を50万円とか100万円とか皆さんから集めますよということが発生するとか、もしくは大規模修繕しようにもお金がなく、銀行から借入れを起こすとかが出てきます。

　そうすると、**将来売ろうとするときに売値は下がるということが予想されますので、この確認が大事**になってくるわけです。

　ここは、しっかり確認したうえで買わないと、全く積立金がプールされていない、ということで、将来損してしまう事例が多々あります。

　こういうことに気がつかないで投資用の物件を買うときは、危険だということを知っておいていただきたいわけです。

　あと、細かい話ですが、**総会の議事録をみる**と、次のことがわかります。

- 重要事項調査報告書には表れない、**今どういう話し合いがされているのか**
- **そろそろ修繕積立金の値上げが必要なのではないかなどの内輪の話がこの議事録に載っていたりしますので、理事同士の話し合いから、どういう方向にマンションが向かっているのか**
- **修繕がどうなっているか**
- **告知事項は何かあるか**
- **管理規約はどうなっているのか**

　これらの確認が重要です。

　この重要事項調査報告書ですが、今修繕積立金がいくら貯まっていますとか、管理費の滞納金額がいくらありますとかが載っているのであれば、これは最低限、**「買付け」を入れた段階で、契約前に報告書を見せてもらう必要**があります。

　売買契約するとき、**重要事項証明書**にこの報告書の内容を載せなければならないのですが、**いざ契約に臨んだときは、そこまで気が回わらないので、買付けを入れたタイミングで報告書を開示してもらって、中味を確認するということが、非常に大切**ということです。

　この重要事項調査報告書は、その記載事内容から
- 管理費の改定：現時点では未定
- 積立金の改定：現時点では未定
- 大規模修繕工事はいつやる予定なのか
- 管理組合は金融機関からの借入れはない

などマンションの財務状況も教えてくれます。

　あとは、たとえば、このマンションで301号の部屋を取引しようとしていたら、このフロアで事件・事故がなかったかとか、このマンション内で事件・事故がなかったかがこの報告書で調べられます。

報告書は情報のデータベースになっていますので、**「買付け」を入れたタイミングで情報の開示してもらって確認をすること**が大切です。

　たとえばある立地の物件で利回り感がお得な感じがしたので、買付けを入れるとします。その買付けを入れないとこの報告書を開示してもらえなかったり、何か問題があるとギリギリまで開示してもらえなかったりしがちです。売値が相場より**安いときは、何か問題がある可能性があります**。積立金がほとんどないとか、マンションのその部屋の横に暴力団組事務所が入っていたとかがありますので、この報告書の事前確認が必要だということを十分知っておいていただきたいと思います。

　次は**管理規約の確認**も必要です。

　マンションによっては、**事務所としての利用可のものもあれば、居住目的だけとか、ペット飼育可など**いろいろありますので、ぜひこの管理規約も事前の確認が大切です。

　もちろん、紹介を受ける不動産会社が、ここまでチェックをしてくれているなら、ある程度任せても良いですが、**契約の際には、最終的には自分で確認しなければいけない**と知っておいてください。

⑤ 1棟アパート（中古事例　なぜ中古・借換え・新築）

（1）アパート投資の特徴

　図表2-5-11は、1棟アパート投資と区分ワンルーム投資の比較表です。

図表2-5-11

1棟アパート投資と中古区分マンション投資の比較

1棟アパート投資 ➡	区分ワンルーム投資
①資金調達で条件が有利 ②いっきに資産規模（CF）を拡大できる（空室リスクも減る） ③建物について自由に工夫できる ④アパート内のルール決めは自由（ペット飼育可能など）	①資金調達で条件が比較的不利 ②資産拡大に時間がかかる（1室のみ保有で空室の際はカバーできるCFがない） ③建物の利用に制限がある（マンション管理規約の存在） ④あくまでも全体の中での1部屋 ⑤マンション内のルール決めは総会で

①資金調達がアパートのほうが有利

　銀行によってアパートだったら金利2％で貸します、区分のマンションでは金利3％になりますというところもあります。そういう意味では、アパートのほうが融資は組みやすいですし、融資条件も良くなりやすいです。

　それは、銀行からすると、1,000万円貸すのも1億円貸すのも手間は同じなので、1棟案件の融資の条件を良くしたくなるわけです。

②いっきに資産規模（CF）を拡大できる

　ワンルームだと1取引で1戸ですが、アパートだと1取引でいっきに6世帯、9世帯とか、12世帯と規模を短時間で拡大しやすく、その分キャッシュフローも短期間で拡大しやすくなります。

③アパートだと建物について、自由に工夫ができる

　アパートだと、外観の色を変えてみるとか、共用部に自分で自由に設

備を追加してみるとか、宅配ボックスを増やしてみるとか、ペット飼育可にしてみることなどができます。

ワンルームの場合には、管理組合が組織されていますので、全体のルールを決めるときは、多数決でものごとを決めなければいけません。

つまり、アパートの場合は、自分で自由にできる裁量が大きいのが特徴になります。

【都心の区分ワンルームと新築木造1棟アパートの比較事例】

図表2-5-12は、**某O銀行融資規程**です。

図表2-5-12

都心区分ワンルームvs新築木造アパート

区分ワンルーム (築35年・1,000万円) ×10戸	1億 (投資総額) 自己資金　2,000万円 借入金　　8,000万円		新築木造 1棟アパート
NOI　550万円	FCR　5.5%		NOI　550万円
ADS　510万円	K%		**ADS　320万円**
	6.37% (金利2.525% ・期間20年)	**4.01%** (金利2.05% ・期間35年)	
BTCF40万円			BTCF230万円
2%	CCR (BTCF÷E)		11.5%

※買い手が旨味のある物件種別が、必ずしも金融機関にとって旨味があるとは限らない

> **物件総額が1億円**だとします。**図表2-5-12**の中央のアミの部分です。
> ・**エクイティー (自己資金) は2,000万円**
> ・**ローンバランス (借入れ) は8,000万円**
> つまり、**2,000万円の頭金を入れて、8,000万円を借入れ、総額1億円の投資**をしたという状態です。

図表2-5-12の表の左側がワンルーム、右側が新築のアパートを取得した事例です。

　　左側が築35年の区分マンション1,000万円のものを10戸買っ
たと想定します。**総額1億円**です。
　　右側は、新築のアパート1棟1億円で買いました。
　　それぞれ**FCR（総収益率）（利益率）（実質利回り）5.5%**想定す
ると、**NOI（営業純利益）はワンルームで550万円、区分マンショ
ンも550万円**で同じとなります。

ただ、区分マンションとワンルームでは、融資条件が違います。

　　区分マンションでいうと、金利が2.525%で期間が20年。築
35年経過していると、返済期間は20年ということになります。
　　そうすると**調達コスト（K%）つまり返済は、借りたお金8,000
万円に対して返済割合6.37%ですから、年間510万円**になります。
　　一方、**新築1棟アパートの場合は、金利が下がって2.05%**、かつ、
返済期間は35年で良いので年間返済額（ADS）は320万円ですみ
ます。
　　この場合、**調達コストつまり返済額が借りたお金に占める割合は
4.01%**です。

このように、返済額および返済割合が全然違ってきます。

　　そうすると**税引き前のキャッシュフロー（BTCF）は、区分のマ
ンションでは40万円、これが1棟アパートだと230万円**というこ
とになります。

ですから、投資の総額、資金計画の内訳が同じであっても、**融資条件
が異なることにより全く収益が違ってきます。**

　　儲けの部分、税引き前のキャッシュフローは、ワンルームで40
万円、新築アパートで230万円ですから、入れたお金に対して得ら
れる**資金の割合（CCR）は、ワンルームでは2,000万円資本金入**

れて、リターンが40万円ですから、40万円を2,000万円で割り
戻すと資本効率（CCR）2%

　片や新築木造アパートでは税引き前のキャッシュフロー230万
円で、これを2,000万円で割り戻すと11.5%の資本効率（CCR）
で収投資効率が全然違ってくるのです。

　ですから、現実的な投資の組み立ては、次の1、2、3のように、目
標や資金力、受けられる融資額によって違ってくるのです。

　例）自己資金　3,000万円
　1　現金で区分マンションを3つ取得
　　FCR（総収益率・実質利回り）4.5%想定
　　BTCF（税引き前のキャッシュフロー）135万円
　2　融資を受けて1棟アパートを取得
　　CCR（資本効率・自己資本配当率）10%想定
　　BTCF　　　　　　　　　300万円
　3　融資を受けて区分マンションを取得
　　CCR　　　　　　　　　2%想定
　　BTCF　　　　　　　　　60万円

目標次第で選択肢が異なってきます。

　投資できる資金は人によって違いますし、かけられる時間も違います。
つまり今すぐキャッシュフローが必要な人もいれば、20年後、30年後に
ローンがなくなって、これだけキャッシュフローが入ってくれば良いと
いう人もいます。それによって計画は全然違ってきます。
　たとえば、月に10万円で年間120万円入ってくれば良いという人もい
れば、月20万円で年間240万円は欲しいという人もいます。いや現在の

年収と同じくらい欲しいという人もいます。

　結論的には、ある程度キャッシュフローがまとまって必要な人、あるいは今の年収と同じくらい欲しいという人は、1棟を入れなければ、希望の目標とスピードに追いつかないということが多いです。

　たとえば、**前ページの1のように、自己資金3,000万円で、現金で1,000万円の区分のマンションを3戸買う**とします。

　実質利回り（FCR）で4.5%と想定したとすると、

　税引き前のキャッシュフロー（BTCF）は135万円です。

　これで良いという人もいます。融資を受けてリスクを増やしたくないということです。

　ただ、キャッシュフローで月々20万円、30万円が必要だという人は、銀行から融資を受けて、レバレッジをかけて、資本効率10%あるいは15%で運用しないといけません。

　この場合、**2のように融資を受けて1棟アパートを取得し、3,000万円を資本効率（CCR）10%で運用すれば、税引き前のキャッシュフロー（BTCF）で年300万円のリターン**があることになります。

　3の融資を受けて区分マンションを取得の場合、前記の**図表2-5-12**の**某O銀行融資規程**では、**資本効率（CCR）2%**でした。

　3,000万円を2%で運用すると税引き前のキャッシュフロー（BTCF）60万円です。

　キャッシュフローだけでみると、**1**のほうが良さそうに見えます。

　ただし、こちらの場合は**数を増やすメリット**があります。

　たとえば、**自己資金3,000万円で、ほかを借入れして、区分のマンション10戸買い**足したとします。

　キャッシュフローは薄くなりますが、どれかが値上がりして、売却益で大きく儲けることができる可能性は、数が増えることでさらに増えますので、**その時点でのキャッシュフローだけを見ての判断ではいけない**

ということです。

　投資した資金に対して、リターンを今すぐ得やすいということでは、アパートは、いま良い融資条件で資金が調達しやすいといえます。

（2）中古アパート投資事例

東京都豊島区要町中古アパート

交　　通　東京メトロ有楽町線要町駅　徒歩5分圏内

乗降人員　約41,000人（一日平均）

　　　　　JR山手線池袋駅　徒歩15分圏内

　　　　　（乗降人員　約560,000人（一日平均））

物　　件

構　　造　木造2階建て

築 年 数　2013年築（平成24年）

総 戸 数　6戸

年間収入　430万円

設　　備　モニター付きインターフォン

　　　　　フローリング、エアコン、ミニ冷蔵庫

（2）−1　某M銀行の場合

この物件は、**価格が6,050万円、諸費用は490万円**です。

諸費用は約7％くらいが目安ですが、本物件は約8％となりました（**利用する銀行により事務手数料が高いところ**もあります）。よって、この物件の**投資総額で6,540万円**になります。

`図表2-5-13`

図解でわかる収益構造（キャッシュフローツリー）

諸費用490万円	自己資金 1,340万円		見込売上	430万円
物件価格 6,050万円	借入金額 5,200万円 （借入比率85%）	▲ 空室・未回収損	21万円
		実効売上	409万円
		▲ 運営費	70万円
（投資総額 6,540万円）	銀行：某M銀行 金利：2.9% 期間：30年	営業純利益	339万円
		▲ 負債支払額	259万円
		キャッシュフロー	80万円

この投資計画では、**某M銀行で借入金額5,200万円、借入比率85%、金利2.9%**（某M銀行は5,000万円の融資金額を超えると金利2.9%まで下がります。本来は約3.9%〜4.3%）、**返済期間30年**（某M銀行は中古でも30年で貸してくれるのが、特徴です）、**自己資金は1,340万円**を入れました。

収益構造（キャッシュフローツリー）は、次のとおりです。

> **見込売上（潜在総収入：GPI）**ですが、中古ですから、入居中であれば現在の賃料があるわけですが、その賃料を元に計算してはいけません。実際に、法人の複数戸契約など法人契約の解除等で入居者の一斉解約もありえます。
>
> 現在の入居者が出ていった場合に、**相場を基にして次の人がいくらで入ってくれるのかが大切**です。それが調査の結果**図表2-5-13のように430万円**となりました。
>
> また、近隣エリアでの弊社の管理物件の稼働率は約95〜97%、空室率で約3%ですので、**図表2-5-13**のようにもう少し多めに見て、**空室率を5%**として計算すると、
>
> **実効売上（実効総収入：EGI）は409万円**
> そこから**運営費（ランニングコストまたは維持費：OPEX）**を引きます。
>
> アパートですと運営費は、日常清掃費、消防設備点検費、共用部分の光熱費、固定資産税、都市計画税、賃貸管理手数料などがあります。
>
> それを引くと**営業純利益（NOI）が339万円**になります。
> そこから**銀行返済額（負債支払額：ADS）259万円**を引くと、
> **キャッシュフロー（税引前キャッシュフロー：BTCF）80万円**が出ます。

以上のように収益構造は出ましたが、ここで終わるのではなく、次に

投資の指標に落とし込む必要があります。次の**図表2-5-14**です。

`図表2-5-14`

	見込売上	430万円
▲	空室・未回収損	21万円
	実効売上	409万円
▲	運営費	70万円
	営業純利益	339万円
▲	負債支払額	259万円
	キャッシュフロー	80万円

営業利益　　　　339万円
÷投資総額　　　6,540万円
＝利益率　　**5.2%**

キャッシュフロー　80万円
÷自己資金　　　1,340万円
＝資本効率　　**6%**

営業利益　　　　339万円
÷負債返済　　　259万円
＝安全率　　**1.31**

> 　営業純利益（NOI）339万円が投資総額6,540万円に占める割合つまり339万円を6,540万円で割り戻すと利益率（実質利回り：FCR）がでます。それが**5.2%**になります。

　これが**近隣事例と比較してどうなのか**が問題です。

　たとえば、いま**近くで同じような中古アパート**を買おうとしていたとします。本物件のキャップレートは5.6％（339万円÷6,050万円）のところ、近隣キャップレートは５％ほどであったため、購入価格が割安だとわかります。

　つまり、**比較判断の物差しとして、これらの指標が使える**わけです。

　都内の中古アパートですと、築10年ぐらいの中古アパートで、場所にもよりますが、利益率は５％から６％ぐらいで取引することが多いです。もっとも、現在入居している賃料で計算すれば、もっと高めの利回りになると思いますが、そうではなくて、その人が退去したあとでは、いくらで貸せるかという相場の家賃と空室率も考慮して計算しますので、私たちの分析では皆さんが計算する利回りより低くなりがちです。

　しかし、**それでも旨味があるかどうかを検討することが大事なのです。そこまで、石橋をたたいてやっていけば、まず失敗はしません。**

次は**資本効率（CCR）**です。

　収入があって、リスクを引いて、経費を引いて、ローンを払って、儲けがこの**図表2-5-14**の場合80万円になります。**この儲けを得るのにいくら資本金を投資しているのか**というと、このケースですと、**1,340万円**になります。**これを割り戻すと自分の入れた資本金の資本効率**が出ます。この場合は、**6％**になります。この資本効率は他の物件や、他の投資との比較に利用することができます。

安全率については、

　営業利益が負債支払（銀行への返済）の金額に対して何倍あるかですが、この場合、**営業利益339万円を259万円の返済で割り戻すと1.31**となります。

　もちろん、投資家がどこまでこの数値を求めるかによって違いますが、私たちは、**基本は1.3を目安**にしています。これから投資を始める人は、1.3になるぐらいの物件、ないしは1.3になるような買い方、資金計画で、銀行がいくら目一杯貸してくれるからと言っても、その人の目標や投資性向次第ではありますが「頭金をもう少し入れておいたほうが良いですよ」と助言して、なるべく安全性を確保したうえで投資をスタートしてもらうこともあります。

　そして、次の**図表2-5-15**になりますが、どのような不動産を買うときも同じですが、**将来いくらで売れるかという視点を持つことが大切**です。

図表2-5-15

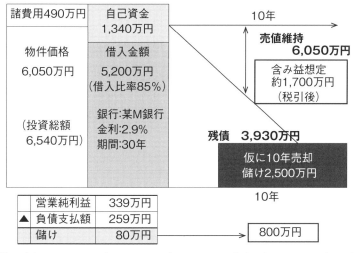

将来の売却想定価格が大切

新築で買ってから５年または10年経過した築年数の同じような物件がいくらで売りに出ているのかを調べたり、今買ったこの物件を買ってすぐ売ろうとしたら、いくらで売れるのかという視点が大切です。

この事例でいうと、**6,050万円で購入した割安の中古のアパート**で**借入れが5,200万円**です。

近隣の取引事例を見る限り、**10年後の売値は、まず変わりません**。むしろ、上がっているかもしれません。

そして、ローンは減っていくわけです。

不動産投資のおもしろいところは、金融機関という他人が5,200万円貸してくれて、入居者が家賃を払ってくれる、つまり、他人の資本を他人の資本がどんどん返していってくれて、自分の資本がふくらんでいくということです。

つまり、**5,200万円の借入れが家賃収入でどんどん減っていき、10年後には、残債3,900万円**までになっています。

そして、**売値が6,050万円で変わらなかったとすれば、売却す
れば、1,700万円入ってきますし、売らなければ1,700万円の含
み益**になっています。

　合わせて、**営業純利益が年339万円あり、返済が年259万円あ
り、キャッシュフローが年80万円入ってきますから**、10年後は税
を考慮しないと、**800万円貯まる**わけです。

　そうすると、**売却益とキャッシュフローの儲けの上りの合計で
2,500万円儲かる**ことになります。

このような視点が重要ということです。

　また、**仮に10年後残債が同様に3,930万円まで減っていて、儲けも
同じく800万円まで貯まっていた**とします。

　しかし、**物件を売却しようとして、近隣の売却価格を調べたら、今後
値上がりの見込みもなく3,000万円くらい**でないと売れないことが、
わかったとします。そうすると、**売却しても損が大きく出てしまいます**。

　逆に言うと、このような物件を買ってはいけないということです。

　つまり、**買うときは、いくらで売れそうか、また5年後、10年後ど
のくらいの儲けが出るかのという視点を持っておくだけで、失敗しない
不動産投資ができます**。

　今までは、某M銀行での事例でしたが、今度は、**某SZ銀行の場合**を
次の**図表2-5-16**で見てみます。

(2)—2　某SZ銀行の場合

某SZ銀行の場合

諸費用490万円	自己資金490万円
物件価格 6,050万円 （投資総額 6,540万円）	借入金額 6,050万円 **（借入比率100%）** 銀行:某SZ銀行 金利:**3.6%** 期間:**35年**

	見込売上	430万円
▲	空室・未回収損	21万円
	実効売上	409万円
▲	運営費	70万円
	営業純利益	339万円
▲	負債支払額	304万円
	キャッシュフロー	35万円

物件価格6,050万円、フルローンで買えます。

金利は、某M銀行より高くて3.6%。

期間は中古でも35年あります。

資本金は490万円で済みます。

収益構造は、次のとおりです。

> 6,050万円フルローンが付いて、期間35年でも金利が3.6%だと
> **負債支払額は、**先の例より上がって**年304万円**になり、
> **儲けは薄くなって、35万円**になってしまいます。

これを、投資の指標に落とし込むと次の**図表2-5-17**です。

	見込売上	430 万円
▲	空室・未回収損	21 万円
	実効売上	409 万円
▲	運営費	70 万円
	営業純利益	339 万円
▲	負債支払額	304 万円
	キャッシュフロー	35 万円

営業利益　339万円
÷投資総額　6,540万円
=利益率　**5.2%**

キャッシュフロー　35万円
÷自己資金　490万円
=資本効率　**7.1%**

営業利益　339万円
÷負債返済　304万円
=安全率　**1.12**

そうすると、儲け35万円を入れた資本金490万円で割り戻すと、**資本効率7.1%**。先の例（**図表2-5-14**）よりは、少し上がっています。

　しかし、**安全率**については、営業利益339万円を負債返済304万円で割り戻すと**1.12**なので、この某SZ銀行を使って初めて投資をする人は、もう少し自己資金を入れてもらいたいところです。

　借入れを減らすことで負債支払が下がりますので、それによって、安全率を上げることができます。

　この場合でも、次は区分の物件を現金で買うということなら、**ポートフォリオ全体で自己資本比率を上げることによりバランスを立て直す**ことができますので、これも一つの方法ではあります。

（2）—3　某O銀行の場合

次の**図表2-5-18**は、**某O銀行の場合**です。

某O銀行もフルローンの可能性はあります。

中古で築10年以内なら金利2%で30年。前記の某M銀行、某SZ銀行と比べると金利に差があります。

`図表2-5-18`

某O銀行の場合

諸費用490万円	自己資金490万円
物件価格 6,050万円 （投資総額 6,540万円）	借入金額 6,050万円 **（借入比率100%）** 銀行:某O銀行 金利:**2%** 期間:**30年**

見込売上	430万円
▲ 空室・未回収損	21万円
実効売上	409万円
▲ 運営費	70万円
営業純利益	339万円
▲ 負債支払額	268万円
キャッシュフロー	71万円

そうすると、**返済で268万円、儲けで71万円**となります。

投資の指標に落とし込むと次のとおりです。

`図表2-5-19`

	見込売上	430 万円
▲	空室・未回収損	21 万円
	実効売上	409 万円
▲	運営費	70 万円
	営業純利益	339 万円
▲	負債支払額	268 万円
	キャッシュフロー	71 万円

営業利益　339万円
÷投資総額　6,540万円
＝利益率　5.2%

キャッシュフロー　71万円
÷自己資金　490万円
＝資本効率　14.4%

営業利益　339万円
÷負債返済　268万円
＝安全率　1.26

キャッシュフロー儲け71万円を自己資金490万円で割り戻すと資本効率14.4%

資本効率（CCR）だけで見ると、某M銀行（**図表2-5-14**）および某SZ銀行（**図表2-5-17**）より高くなります。

安全性は、営業利益339万円を負債返済268万円で割り戻すと1.26という指標になります。某SZ銀行よりは良いわけです。

中古1棟アパートについての**まとめ**として、大切なことは、次のとおりです。

まとめ

☑**利用できる銀行によって収益構造、投資指標が変わる**

☑**銀行には相性があることを知る**

たとえば仮に、**築20年の中古のアパートに対しても、某M銀行は30年返済ができますし、某SZ銀行は35年でもできます。しかし某O銀行は10年しか返済期間が組めなくなります。**

自分との相性とともに、**物件との相性**もあります。そこをどのように組み立てていくかということを踏まえておくことです。

☑**いくらで売れるかを把握してから買う**

買おうとしている物件を購入してすぐに売るとしたら、いくらで売れるものなのか、また**5年後、10年後にいくらで売れそうかを調べてから買う**ことが大切です。

現在では、ネットで相場についてあまり手間をかけずに調べることもできますので、区分マンションであれば他の部屋がいくらで売りに出ているのか、築年数が経過したときに、どのくらいの利回り感で売りに出ているのかも調べましょう。

（3）借換えによるメリット―事例

　新規のアパートローン融資のハードルは高くても、借換えに応じてくれる金融機関は、結構あります。銀行は、**"ほかの銀行が渡った橋は渡りやすい"** ということでしょう。

　現在不動産投資を行っている人やこれから行おうと思っている人が、**現在金利が高いと感じていても、将来借換えすることによって収益構造がものすごく改善されることがあります。**

　また、不動産を多く買ってしまったほうが、融資が追加で受けられないという場合でも、できることとして**借換えをやってみたらどうでしょうか**という事例です。

≪葛飾区中古アパートの投資事例≫

図表2-5-20

図解でわかる収益構造

諸費用400万円	自己資金 940万円		見込売上	441万円
物件価格 5,400万円	借入金額 4,860万円	▲	空室・未回収損	22万円
			実効売上	419万円
		▲	運営費	69万円
（投資総額 5,800万円）	銀行:某M銀行 金利:4.3% 期間:30年		営業純利益	350万円
		▲	負債支払額	288万円
			儲け （キャッシュフロー）	62万円

当初の収益構造は、次のとおりです。

> **物件価格5,400万円**、**諸費用400万円**で**投資総額は5,800万円**。
> 対して**借入金額は4,860万円**、**某M銀行で4.3%の30年返済**です。
> **自己資金が940万円**。
> **見込売上**は、相場で貸せる金額の**年総額441万円**、それから**空**

室損5%で22万円を引きますと実効売上は419万円です。

そこから運営費(日常清掃費、消防設備点検費、共用部分の光熱費、固定資産税、都市計画税、賃貸管理手数料などのランニングコスト)69万円を引くと、営業純利益は350万円となりました。

そこから銀行への返済288万円を引くと儲け62万円という収益構造だったわけです。

この場合、金利4.3%は高めですが、取得しようとしている物件と融資を受けようとしている方および銀行との相性もあり、この金利になりました。

次にこれを投資指標に落とし込むと、次の図表2-5-21のとおりです。

図表2-5-21

	見込売上	441 万円
▲	空室・未回収損	22 万円
	実効売上	419 万円
▲	運営費	69 万円
	営業純利益	350 万円
▲	負債支払額	288 万円
	儲け (キャッシュフロー)	62 万円

営業利益	350万円
÷投資総額	5,800万円
=**利益率**	**6.0%**
キャッシュフロー	62万円
÷自己資金	940万円
=**資本効率**	**6.6%**
営業利益	350万円
÷負債返済	288万円
=**安全率**	**1.22**

営業利益350万円を購入価格5,400万円で割り戻すと、購入時キャップレートが6.48%です。

この物件を取引したのが3〜4年前ですが、現在のキャップレートは5〜5.5%くらいだと思います。

相場の利回り(キャップレート)が下がって、家賃はそのままだとすると、価格は上がりますので、仮に5.5%だとすると、現在だと6,300万円ぐらいで売れることになります(営業利益350万円÷

キャップレート5.5%）。

　資本効率は、キャッシュフロー（儲け）62万円を自己資金940万円で割り戻すと**6.6%**です。

　安全率は、営業利益350万円を負債返済288万円で割り戻すと、**1.22**です。

　この場合、安全率1.3は欲しいところですが、この方は、他の物件も持っていますので、それらの物件全体の指標を基にした判断で購入することになりました。

　その後、**実際に借換えをしました**。それが次の**図表2-5-22**です。

図表2-5-22

借換え実行

諸費用400万円	自己資金 940万円		見込売上	441万円
物件価格 5,400万円	借入金額 4,860万円	▲	空室・未回収損	22万円
			実効売上	419万円
		▲	運営費	69万円
（投資総額 5,800万円）	銀行：某S信金 金利：1.5% 期間：30年		営業純利益	350万円
		▲	負債支払額	201万円
			儲け （キャッシュフロー）	149万円

某S信金で金利1.5%、30年返済という条件で借換えができました。

　実は、**某S信金で最初からは、アパートローンを融資はやってくれませんでしたが、他の銀行が行った融資の借換え**については応じていただけました。

　図表2-5-22のように某S信金から上記の条件で借りると、**返済が201万円まで減ります**。

　そうすると**儲けが149万円**になり、全く違う収益になりました。

次の**図表2-5-23**ですが、利益率は以前と変わりませんが、金融機関を替えることによって、返済額が変わってきますので、収益が大きく変わります。

図表2-5-23

	見込売上	441万円
▲	空室・未回収損	22万円
	実効売上	419万円
▲	運営費	69万円
	営業純利益	350万円
▲	負債支払額	201万円
	儲け（キャッシュフロー）	149万円

営業利益	350万円
÷投資総額	5,800万円
=利益率	**6.0%**
キャッシュフロー	149万円
÷自己資金	940万円
=資本効率	**15.8%**
営業利益	350万円
÷負債返済	201万円
=安全率	**1.74**

この場合、キャッシュフロー149万円を自己資金940万円で割り戻すと、**資本効率15.8%**になります。

営業利益350万円を返済額201万円で割り戻すと**1.74の安全率**になります。

借換えを前提として、物件が少し悪くても購入するべきということではありません。借換えできなくても、投資適格の有無の判断が大切です。

あくまで、借換えの可能性もあるので、追求してみましょうということです。その場合、いくつかの金融機関をこまめに当たることが大切です。

借換えしようとする銀行への返済額が現在のものと変わらない融資条件が提示されることがあります。

次の**図表2-5-24**のように、**金利4.3%が1.7%になりましたが、返済期間が30年から20年に短縮するような提案を金融機関から受けることもあり**ます。

一見、金利が大幅に下がって良さそうに感じますが、返済期間が短く

なったことにより、実は、返済額はあまり変わらないことになります。

銀行への返済は、288万円から287万円になり、この融資条件だと１万円しか変わりません。

そうすると**儲けも63万円とほとんど変わりません。**

図表2-5-24

返済額が変わらないとメリットはない？

諸費用400万円	自己資金 940万円
物件価格 5,400万円	借入金額 4,860万円
（投資総額 5,800万円）	銀行:某M銀行 金利:4.3% 期間:30年

見込売上	441万円
▲ 空室・未回収損	22万円
実効売上	419万円
▲ 運営費	69万円
営業純利益	350万円
▲ 負債支払額	228万円
儲け	62万円

諸費用400万円	自己資金 940万円
物件価格 5,400万円	借入金額 4,860万円
（投資総額 5,800万円）	銀行:某銀行 金利:1.7% 期間:20年

見込売上	441万円
▲ 空室・未回収損	22万円
実効売上	419万円
▲ 運営費	69万円
営業純利益	350万円
▲ 負債支払額	287万円
儲け	63万円

借換えの諸費用がかかって、あまり儲けが変わらないので、**この借換えはやる意味がないと思われることもありますが、将来の残債が大きく違ってきます。**

不動産投資は、表面上の儲けだけではわかりません。

元金の減少も自分の資産が膨らんでいくわけで、ここも不動産投資の大きな価値なのです。

次の**図表2-5-25**でいけば、**現在の条件で10年後の残債は3,867万円**ですが、**借り換えれば、その条件の下では、残債は2,635万円**になり、

実務編 第5章 想定できるあらゆるケースに対応可能な実践例

大きな違いがでてきます。

　そうすると、**この物件を売却するとき、その差額が含み資産**となっていて、売却したときの利益が違ってきますし、所有するにしても担保価値が違ってくるわけです。

　このような視点をぜひ知っておいてください。

図表2-5-25

諸費用400万円	自己資金 940万円
物件価格 5,400万円	借入金額 4,860万円
（投資総額 5,800万円）	銀行：某M銀行 金利：4.3% 期間：30年

	見込売上	441万円
▲	空室・未回収損	22万円
	実効売上	419万円
▲	運営費	69万円
	営業純利益	350万円
▲	負債支払額	228万円
	儲け	62万円

諸費用400万円	自己資金 940万円
物件価格 5,400万円	借入金額 4,860万円
（投資総額 5,800万円）	銀行：某銀行 金利：1.7% 期間：20年

	見込売上	441万円
▲	空室・未回収損	22万円
	実効売上	419万円
▲	運営費	69万円
	営業純利益	350万円
▲	負債支払額	287万円
	儲け	63万円

儲けは変わらないが…10年後の負債は？	
10年後残債　**3,867万円**	10年後残債　**2,635万円**

　中古アパートの借換えについて大切なことを次のようにまとめました。

まとめ

　☑**儲け（キャッシュフロー）が変わらなくても、もしくは減ったとしても、元金の減りが速まることがあるので、表面の儲けにとらわれない。**

☑借換えによって共同担保を解除できる場合もある

　実際にある方が某銀行から金利2％、30年返済で融資を受け、新築アパートを購入しましたが、自宅を共同担保にとられていました。しかし、地銀に借換えができて、金利1％、30年返済かつ自宅共同担保解除になり、その自宅を担保にして再投資をすることができました。

　借換えをしようとするとき、その銀行あるいはそこを紹介してくれた不動産会社にひと言相談をもちかけて、融資条件の変更交渉をしてみることをおすすめします。

　銀行によっては、借換えした場合、再度の融資をしてくれないところもありますし、現在の銀行の融資条件は、間に入った不動産会社とその銀行との信頼関係に基づく特別な配慮などがある場合もあるからです。

☑借換えしても再度融資可能な金融機関もある

　基本的に借換えしてしまうと、その金融機関とは二度と付き合えなくなる場合が大半ですが、**金融機関によっては借換えしても再度融資可能なところもあります。**

☑収益構造の改善

　追加で購入できないときでも、融資条件の変更によって収益構造が大きく改善されることもあるので相談は大切です。

（4）なぜ古いアパートでも売れるのか

—築25年とか築30年といった古いアパートでも、なぜ売れるのか—

そもそも、大家業の儲けをどう考えるか。**不動産投資は賃貸事業です。**
その事業の収益構造については、次のことを押さえることが大切です。

- **通帳に残るお金の把握が必要**

  収入がどれくらいあるか、経費がいくら出ていくか、そしてどのく
  らい通帳にお金が残るか

- **税金の計算（ルールで定められた計算式）をして、その額がいくら**
  になるか

- **税金を払ったあと通帳に残るお金がいくら**あるか

  要は、税金を払う前の儲けと払った後の儲けをはっきりしておかな
  ければいけません。

それでは、それぞれについて説明していきます。

①税金を払う前に通帳に残る（であろう）お金の計算

次の**図表2-5-26**の見込売上がまずあります。

新築アパートなら新築プレミアムをはずして、相場ならいくらで貸せ
るかかが大事です。

図表2-5-26

通帳に残るお金の計算

	見込売上
▲	空室・未回収損
	実効売上
▲	運営費
	営業純利益
▲	負債支払額
	儲け（税引き前）

その場合、家賃査定は、いくつかの視点で行わなければいけません。

　たとえば、私の場合、自分の査定だけではなく、弊社内部の賃貸管理部門の査定の結果と合わせて、収益が上がるかどうかという**複眼的な査定をして判断**しています。これは、中古の場合も同様です。

②税金の計算

　その計算を表にまとめたものが次の**図表2-5-27**です。

図表2-5-27

税金の計算

	NOI（営業純利益）
▲	ローン利息
▲	減価償却費
▲	青色申告特別控除
▲	専従者給与控除
▲	火災保険料など
▲	その他経費
	不動産所得
×)	税率（所得次第）
	納税額

・**ローン利息**
　営業純利益からローンの利息は経費として認められています。
・**減価償却費**
　たとえば、**1億円のアパートを買いました。土地が5,000万円、建物が5,000万円**というように、不動産には、土地と建物の内訳があります。
　そのうち**建物は古くなって、減価していきますので、その分を経費として認めますという制度**です。
・**青色申告特別控除**
　青色申告の届出を税務署にすれば、10万円もしくは65万円の控除が使えます。**事業的規模（5棟10室以上）になれば、65万円の控除**が使えます。

- **専従者給与控除**

  青色申告の届出をしていれば、専従者給与控除が使えます。奥さんが不動産賃貸事業を手伝っているときは、奥さんに給与を払い、それを経費として計上できます。

- **火災保険料**

- **その他の経費**

  交通費とか不動産賃貸事業にかかる経費があります。

　前述の**図表2-5-27**のようにして**不動産所得が確定し、その不動産所得に対して、税率（所得次第）が掛けられ、納税額が決定**することになります。

③税金を払ったあと通帳に残るお金の計算

　そして、確定した不動産所得から納税額を引いて、次の**図表2-5-28**のように、最後にいくら儲かったのかが確定します。

図表2-5-28

①税金を払う前に通帳に残る（であろう）お金の計算

	見込売上
▲	空室・未回収損
	実効売上
▲	運営費
	営業純利益
	負債支払額
▲	儲け（税引き**前**）
	納税額
▲	儲け（税引き**後**）

②税金の計算（個人所有）

	営業純利益（NOI）
▲	**ローン利息**
▲	**減価償却費**
▲	**青色申告特別控除**
▲	**専従者給与控除**
▲	**火災保険料など**
▲	**その他経費**
	不動産所得
×)	税率（所得次第）
	納税額

④税金の還付

　不動産所得については、個人で不動産を持っている場合、**総合課税**と

いって、ほかの所得と合算して税金が計算されます。

　たとえば、その年、**給与所得500万円**があり、**不動産所得がマイナス500万円**の場合、**課税される所得金額はゼロ**になります。

　それを確定申告すると**源泉徴収された給与所得への課税分が還付**されます。

図表2-5-29

不動産所得がマイナスになると、
他の所得と相殺できるため税金の還付を受けられる

	見込売上			営業純利益（NOI）
▲	空室・未回収損		▲	ローン利息
	実効売上		▲	減価償却費
▲	運営費		▲	青色申告特別控除
	営業純利益		▲	専従者給与控除
	負債支払額		▲	火災保険料など
▲	儲け（税引き**前**）		▲	その他経費
	納税額	←		不動産所得
▲	儲け（税引き**後**）		×）	税率（所得次第）
				納税額

　ですから、不動産所得をいかにマイナスにするかに知恵を絞るわけです。

　次の**図表2-5-30**のように、**個人の場合は、そのための手段が限られていますので、減価償却費を大きくとりたいと思う**わけです。

個人の方は減価償費を大きくとりたがる

減価償却とは、建物部分（設備含む）を、構造・築年数ごとに一定期間分割して経費計上を認めているもの。平成10年4月1日以後に取得した建物の償却方法は、定額法のみ

法定耐用年数　　木造22年　　RC47年
見積もり耐用年数（耐用年数省令3（1））
　　＝（法定耐用年数－経過年数）＋
　　　（経過年数×0.2）

法定耐用年数超の場合
減価償却期間（法定耐用年数×0.2）

木造**4年**　　RC9年

1÷減価償却期間＝償却率

築22年以上経過の木造アパートだと、**償却期間が4年**のため1年間に計上できる減価償却費用の金額を大きくしやすい。

	営業純利益（NOI）
▲	**ローン利息**
▲	**減価償却費**
▲	**青色申告特別控除**
▲	**専従者給与控除**
▲	**火災保険料など**
▲	**その他経費**
	不動産所得
×)	税率（所得次第）
	納税額

　木造のアパートは、耐用年数が22年間、RCだと47年間、減価償却ができます。

　減価償却できるのは、不動産だけではありません。いろいろな設備、プライベートジェット機、船舶、馬なども減価償却できます。

　減価償却を厚くとりたいとすると、たとえば、**木造アパートは新築ですと22年ですが、それを超える築年数だと最長で4年**になります。短期間で償却を計上することで償却度を大きくしやすくなります。

　新築のアパートよりは、中古のアパートのほうが節税の優先順位を高くとる人には需要があることになります。

　次の**図表2-5-31**のように**減価償却は、築年数で異なります。**

図表2-5-31

新築の木造中古アパート
価格　5,000万円
土地　2,500万円
建物　2,500万円×0.046（22年の償却率）

減価償却費　　115万円

では・・・・・

築25年の木造中古アパート
価格　5,000万円
土地　2,500万円
建物　2,500万円×0.25（4年の償却率）

減価償却費　　625万円

	NOI（営業純利益）
▲	ローン利息
▲	減価償却費
▲	青色申告特別控除
▲	専従者給与控除
▲	火災保険料など
▲	その他経費
	不動産所得
×）	税率（所得次第）
	納税額

　たとえば、**新築木造のアパートの耐用年数が22年、減価償却率は0.046**です。

　その**減価償却費は115万円**です。

　その**115万円を22年間平均して、計上して良い**ということです。

しかし、節税を短期間でしたい方には、向いていません。

　次に**築25年で同じ条件の価格5,000万円、内訳は土地が2,500万円、建物2,500万円**の場合、

　22年を過ぎた中古のアパートですので、償却期間4年の償却率0.25です。

　償却費は4年間で625万円計上できることになります。

さらに、減価償却は**建物価格の比率**によっても違ってきます。

建物価格の比率による相違

築25年の木造中古アパート
価格 5,000万円
土地 4,000万円
建物 **1,000万円**×0.25（**4年の償却率**）

減価償却費 250万円

では・・・・・

価格 5,000万円
土地 1,000万円
建物 **4,000万円**×0.25（**4年の償却率**）

減価償却費 1,000万円

	NOI（営業純利益）
▲	ローン利息
▲	減価償却費
▲	青色申告特別控除
▲	専従者給与控除
▲	火災保険料など
▲	その他経費
	不動産所得
×）	税率（所得次第）
	納税額

たとえば、上記の**図表2-5-32**のように、築25年の木造中古アパートで、

　**価格が5,000万円、そのうち土地4,000万円、建物が1,000
万円**とした場合、
　償却期間4年の償却率0.25で、
　減価償却費250万円。

次に、**同じく築25年の中古アパート**で

　**価格5,000万円でも内訳が異なり、土地1,000万円、建物
4,000万円**の場合、
　同じく償却率0.25でも、
　減価償却費は1,000万円になります。
　毎年1,000万円計上できます。

　さらに、**減価償却費を大きくして、不動産所得をマイナス1,000万
円**にできたとします。

図表2-5-33

不動産所得をマイナス1,000万円とした場合

	営業純利益（NOI）
▲	ローン利息
▲	減価償却費
▲	青色申告特別控除
▲	専従者給与控除
▲	火災保険料など
▲	その他経費
	不動産所得
×)	税率（所得次第）
	納税額

仮に

不動産所得　▲1,000万円
税率区分　　　　　55%
節税額　　　約550万円
（目安）

> 個人の最高税率である実効税率55%とすると、
>
> この場合**4年の償却期間**の間で**550万円掛ける4年で2,200万円**の還付が受けられることになります。

減価償却額を大きくとる目的で、以下のような物件が売れています。

・**減価償却期間を短くとれる物件**

築22年超の木造アパート＝減価償却期間4年

・**建物比率を大きくできる**

売主業者のため調整できる

売主交渉で契約書に明記

・**建物比率が自然と大きくなる**

地方のアパートで土地値が安い地域

ただし、不動産所得がマイナスの場合、**以下の注意点**があります。

そもそも、**節税の対策にもなりますが、収益も上げられる物件であること が大切**で、節税目的だけのための購入は、均衡を欠いたものになります。

まとめ

☑**不動産所得がマイナスの場合、土地取得に要した部分のローン利息は経費計上できない**

たとえば、**価格5,000万円のアパート**で、内訳は**土地が1,000万円、建物が4,000万円**。

建物が築22年を超えている場合は、**減価償却費1,000万円**です。

不動産所得がマイナスになりました。

銀行からの借入れが5,000万円ありました。

土地比率が5分の1で、その部分の利息分は経費計上できません。

ただし、この場合は個人としての事例ですが、**法人なら不動産所得がマイナスだとしても土地取得部分も可能**です。

☑**青色申告特別控除は、不動産所得のマイナス部分には適用できない**

☑**減価償却した部分は、売却時に課税される**

☑**売却価格の下落により節税で儲かった利益が吹き飛ぶこともある**

節税目的で不動産を購入したとしても、それを売るときは、いくらで売れるかという視点持ったうえでの購入でなければいけません。

（5）新築1棟アパートの投資事例

＜事例　その1＞

更地で取得＋建築（アパート建築条件付き売地）

所 在 地：東京都平井

交　　通：JR総武線平井駅徒歩10分圏内

乗降人員：約33,000人

構　　造：木造3階建て　2019年完成

総 戸 数：9戸

年間収入：698万円

設　　備：浴室乾燥機、モニター付インターフォン、フローリング、エアコン、ミニ冷蔵庫、浴室アクセントパネル

（5）ー1　某O銀行の場合

図表2-5-34

図解でわかる収益構造

諸費用700万円	自己資金 2,400万円
物件価格 1億270万円	借入金額 8,570万円 （借入比率83%）
（投資総額 1億970万円）	銀行：某O銀行 金利：2% 期間：33年

	見込売上	698万円
▲	空室・未回収損	35万円
	実効売上	663万円
▲	運営費	125万円
	営業純利益	538万円
▲	負債支払額	353万円
	儲け （キャッシュフロー）	185万円

収益構造は、

物件価格1億270万円、

諸費用700万円、

投資総額1億970万円。

借入れ8,570万円、

自己資金は、多く入れた事例で、**2,400万円**。

借入比率83%。

某O銀行で金利2%の33年返済。

営業利益は538万円、

銀行返済は、353万円。

儲けで185万円。

投資指標は、次の**図表2-5-35**のとおりです。

	見込売上	698 万円
▲	空室・未回収損	35 万円
	実効売上	663 万円
▲	運営費	125 万円
	営業純利益	538 万円
▲	負債支払額	353 万円
	儲け（キャッシュフロー）	185 万円

営業利益	538万円
÷投資総額	1億970万円
=利益率	**4.9%**
キャッシュフロー	185万円
÷自己資金	2,400万円
=資本効率	**7.7%**
営業利益	538万円
÷負債返済	353万円
=安全率	**1.52**

　営業利益538万円を投資総額1億970万円で割り戻すと、**利益率4.9%**。

　儲けで185万円、自己資金2,400万円で割戻して**資本効率7.7%**。この自己資金は、所有していた地方のアパートの売却益でした。

　稼働率が低下してきていた**地方よりはリスクの低い東京の物件に組替え**するのが当初の目的であったため、自己資本効率はそれほど高くなっていません。

　安全率も、営業利益538万円を銀行返済353万円で割戻して、**1.52として、安全性を重視**しています。

次の**図表2-5-36**で、**将来の売却想定価格**を見てみます。

図表2-5-36

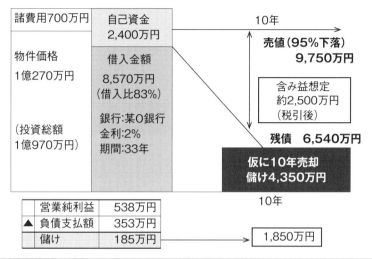

将来の売却想定か買うが大切

諸費用700万円	自己資金 2,400万円
物件価格 1億270万円	借入金額 8,570万円 （借入比83%）
（投資総額 1億970万円）	銀行:某0銀行 金利:2% 期間:33年

10年
売値（95%下落） **9,750万円**

含み益想定 約2,500万円 （税引後）

残債　6,540万円

仮に10年売却 儲け4,350万円

10年

	営業純利益	538万円
▲	負債支払額	353万円
	儲け	185万円

→ 1,850万円

　10年後は、控え目に見て、**売値が9,750万円に下がったとして**います。

　残債も6,450万円に減っています。

　不動産の値段が下がったとしても、残債がそれ以下に減っていれば、含み益が生まれて、自分の資産が膨らんでいくという、不動産投資の面白いところです。

　他人の資本を他人の払ってくれた家賃が返済していってくれて、自分の資産を膨らましてくれるということになります。

　また、**キャッシュフローも10年後1,850万円。**

　そこで、**必ずしも売る必要はありませんが、売却をしたと想定して、一体どれだけ儲けがあるのかという視点が大事**です。

　そうすると、上記の**図表2-5-36**のように、**含み益と儲けを合算すると4,350万円**となります。

　自己資金2,400万円を投資して、10年後4,350万円の儲けが出ることになります。

　（＊儲けの累積に税金は考慮していません）

投資としては、保有を継続しても、将来売却しようとしても成功していただけるであろう事例といえます。

新築RC１棟マンションおよび新築の区分のマンションの場合は、とれる賃料に対して価格が高すぎます。

区分の場合、中古のときに旨味が出てきます。**この事例のようにアパートの場合は新築だとしても、得られる賃料に対して１戸当たりの価格が抑えられて、利益率がある程度確保できるのです。**

```
例  新築1棟アパート    1億円  10世帯  ⇒1世帯=1,000万円
    新築1棟マンション   2億円  10世帯  ⇒1世帯=2.000万円
       *1戸当たりの価格差ほど賃料に差はない
```

この某Ｏ銀行の場合、次の**図表2-5-37**の事例のように**フルローン**もありえます。

図表2-5-37

某Ｏ銀行での別のパターン

諸費用700万円	自己資金700万円		見込売上	698万円
		▲	空室・未回収損	35万円
物件価格 1億270万円	借入金額 1億270万円 **(借入比率100%)**		実効売上	663万円
		▲	運営費	125万円
			営業純利益	538万円
(投資総額 1億970万円)	銀行:某Ｏ銀行 金利:2% 期間:**35年**	▲	負債支払額	408万円
			儲け (キャッシュフロー)	130万円

> **物件価格1億270万円**で、**金利2%で35年返済で1億270万円の借入れ**ができると、**自己資金は700万円**で投資可能となります。
> **図表2-5-37**のとおり、**銀行返済は408万円**です。
> **儲けは130万円**になりました。

それを、**投資指標に落とし込むと次の図表2-5-38のとおりです。**

図表2-5-38

	見込売上	698万円
▲	空室・未回収損	35万円
	実効売上	663万円
▲	運営費	125万円
	営業純利益	538万円
▲	負債支払額	408万円
	儲け（キャッシュフロー）	130万円

営業利益　538万円
÷投資総額　1億970万円
＝利益率　4.9%

キャッシュフロー　130万円
÷自己資金　700万円
＝資本効率　18.5%

営業利益　538万円
÷負債返済　408万円
＝安全率　1.32

> **利益率は前の事例と同じ4.9%**です。
> **キャッシュフローが130万円**で
> **自己資金が700万円**ですので、
> **資本効率は、130万円÷700万円で18.5%。**
> 先の**図表2-5-38**の事例に比べると高い数値になります。
> レバレッジをかけたい人で、もし融資を受けられれば、これで良いわけです。
> **安全率つまり営業利益が返済の何倍あるかと見ますと、1.32**になり、安全率の目安の1.3をクリアしていますので、融資が受けられるのであれば、このような資金計画でも良いと思います。

そこで、**某O銀行の特徴**についてですが、次のようになります。

・ **年収×10倍が借入可能枠の目安**

最近は厳しくなっています。2〜3年前は、20倍までは大丈夫でした。融資条件は常に変動しますので、情報へのアンテナは張っておく必要があります。

・ **属性次第では100%。融資を継続**
・ **東京・名古屋・大阪、若干持込支店によって異なる**
・ **返済期間について年齢制限を受けるが、親子での法人で取得することで最長**になることも

某O銀行の場合、原則完済時年齢、**84歳までの返済期間**になります。

　このように基本的に金融機関には、**完済時年齢**という規定があるので気をつけましょう。

（5）－2　某S銀行の場合

図表2-5-39

某S銀行の場合

諸費用700万円	自己資金 1,770万円
物件価格 1億270万円	借入金額 9,200万円 **（借入比率90%）**
（投資総額 1億970万円）	銀行:某S銀行 金利:2% 期間:30年

	見込売上	698万円
▲	空室・未回収損	35万円
	実効売上	663万円
▲	運営費	125万円
	営業純利益	538万円
▲	負債支払額	408万円
	儲け （キャッシュフロー）	130万円

某O銀行と同じ物件で、

> **図表2-5-30**のように**9割融資で9,200万円**。
> 金利**2%**で期間**30年**。
> 自己資金**1,770万円**。
> 返済が**408万円**で
> 儲けが**130万円**という収益構造になります。

投資指標に落とし込みます。

図表2-5-40

	見込売上	698万円
▲	空室・未回収損	35万円
	実効売上	663万円
▲	運営費	125万円
	営業純利益	538万円
▲	負債支払額	408万円
	儲け （キャッシュフロー）	130万円

営業利益　538万円
÷投資総額　1億970万円
＝利益率　4.9%

キャッシュフロー　130万円
÷自己資金　1,770万円
＝資本効率　7.3%

営業利益　538万円
÷負債返済　408万円
＝安全率　1.32

利益率は変わりません。

　　資本効率は、キャッシュフロー 130万円を自己資金1,770万円で割り戻して**7.3%**。

　　安全率は営業利益538万円を負債返済408万円で割戻して**1.32%**。

　ということで、某O銀行が使えなくても、この某S銀行を使うことで組み立てができます。

某S銀行の特徴については、以下のとおりです。

・**借入可能枠は、年収×30倍以上のケースもあり**
・**金融資産次第では追加融資枠が増える傾向**
・**支店がない都道府県の居住者は現在融資不可**
　1都3県、名古屋、大阪、福岡はOK
・**河川の近くは取り組み不可**
・**中古の物件でも返済期間30年可能**

（5）－3　某R銀行の場合

図表2-5-41

某R銀行の場合

諸費用700万円	自己資金 1,220万円
物件価格 1億270万円	借入金額 9,750万円 （借入比率**95%**）
（投資総額 1億970万円）	銀行:某R銀行 金利:**1.5%** 期間:30年

	見込売上	698万円
▲	空室・未回収損	35万円
	実効売上	663万円
▲	運営費	125万円
	営業純利益	538万円
▲	負債支払額	403万円
	儲け (キャッシュフロー)	135万円

図表2-5-41のように、**借入比率は95%**までできます。

この事例で当てはめると**借入金額は9,750万円**。

金利1.5%で期間30年。

自己資金1,220万円。

銀行返済額は403万円。

儲けが135万円

という**収益構造**になります。

これを、**投資指標**に落とし込むと、

　資本効率は、儲け135万円を自己資金1,220万円で割り戻すと、11%になります。安全率は、営業利益538万円を銀行返済403万円で割り戻すと1.33になります。

	見込売上	698万円
▲	空室・未回収損	35万円
	実効売上	663万円
▲	運営費	125万円
	営業純利益	538万円
▲	負債支払額	403万円
	儲け（キャッシュフロー）	135万円

営業利益　　　538万円
÷投資総額　　1億970万円
=利益率　　**4.9%**

キャッシュフロー　135万円
÷自己資金　　1,220万円
=資本効率　　**11%**

営業利益　　　538万円
÷負債返済　　403万円
=安全率　　**1.33**

某R銀行の特徴については、次のとおりです。

・**法人利用で年齢関係なく30年返済期間可能**

・**物件の劣化対策等級（2級または3級）をできるかで融資条件が異なる**

・**団体信用生命保険は任意のため、他に加入できない場合や相続対策用として万が一の際にも、相続税の計算上、控除できる借入れも残したい人にも向いている**

・**審査が長い**

―融資を2本に分けることで取り組み可能な事例

＜事例　その2＞

種　　類：更地で取得＋建築（アパート建築条件付き売地）

所 在 地：東京都大田区本羽田

交　　通：京浜急行空港線大鳥居駅徒歩10分圏内

乗降人員：30,000人

構　　造：木造3階建て　2019年完成

総 戸 数：9戸

年間収入：745万円

設　　備：浴室乾燥機、モニター付インターフォン、フローリング、エアコン、ミニ冷蔵庫、浴室アクセントパネル

物件価格1億1,800万円、諸費用800万円合わせて、**投資総額1億2,600万円。**

融資は、年齢の関係で図表2-5-43のように①と②に分けなければ受けられませんでした。

図表2-5-43

図解でわかる収益構造
【融資を2本に分けることで取り組み可能な事例】

諸費用800万円	自己資金 1,600万円
物件価格 1億1,800万円	借入① 1,200万円
（投資総額 1億2,600万円）	借入金額② 9,800万円

	見込売上	745万円
▲	空室・未回収損	37万円
	実効売上	708万円
▲	運営費	106万円
	営業純利益	601万円
▲	負債支払額	494万円
	儲け （キャッシュフロー）	107万円

借入①
銀行:某O銀行
金利:2%
期間:14年

借入②
銀行:某O銀行
金利:2%
期間:34年

借入①は
1,200万円を
某O銀行で金利2%、
返済期間14年。

借入②は
9,800万円を
某O銀行で金利2%、
返済期間34年。

自己資金は1,600万円で取得できました。
銀行返済は494万円で、
儲けは107万円ということになりました。

それを、次の**図表2-5-44**のとおり**投資指標**に落とし込みますと、

営業利益601万円を投資総額1億2,600万円で割り戻して、**利益率4.7%**。
キャッシュフロー 107万円で自己資金1,600万円ですので、107万円を1,600万円で割り戻すと、**資本効率6.7%**になります。
安全性は、営業利益601万円を銀行返済額494万円で割戻して**1.22**となりました。

本来は、安全性の目安の1.3にもう少し近づけるために自己資金を増やしたいところですが、**次の投資予定のために現金が必要であり、資産拡大後にこの融資について繰上げ返済を積極的にする**ということでしたので、近い将来、安全性も確保できるであろうと取得していただくことになりました。

図表2-5-44

	見込売上	745万円
▲	空室・未回収損	37万円
	実効売上	708万円
▲	運営費	106万円
	営業純利益	601万円
▲	負債支払額	494万円
	儲け（キャッシュフロー）	107万円

営業利益　　　　　 601万円
÷投資総額　 1億2,600万円
＝利益率　　　 **4.7%**

キャッシュフロー　 107万円
÷自己資金　　 1,600万円
＝資本効率　　 **6.7%**

営業利益　　　　　 601万円
÷負債返済　　　 494万円
＝安全率　　　 **1.22**

そこで、**将来の売却想定価格**が大切ですので、それを見てみます。

図表2-5-45

将来の売却想定価格が大切

10年後、売値が仮に5%下がったとして、**1億1,200万円**。

残債が借入①と②とを合わせて**7,948万円**、

仮に売ろうとすると**含み益約2,500万円を税引き後で**得られます。

貯まったキャッシュフローが毎年の儲け107万円の10年分で

1,070万円ありますので、

売却益と合わせて**3,570万円の儲け**になることがわかります。

　そこで、たとえば**繰上げ返済をする場合**に、**2本に分けて組んだ融資**
のどちらから繰上げ返済するかということになります。

　まず、**返済コストの高い「借入①」を優先的に返済した場合**は、次の
図表2-5-46を参照してください。

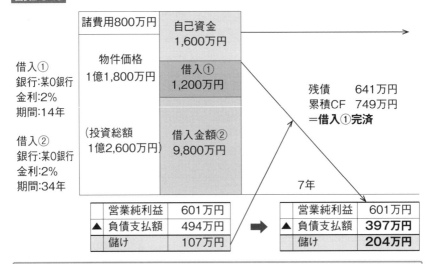

図表2-5-46

7年後、**借入①の場合に残債が641万円**まで減ります。

キャッシュフローは749万円に増えます。

そうすると、**借入①の部分は、完済できてしまうため、**

返済も397万円になり、**儲けも204万円**になります。

　それでは、**借入②を先に返済しようとすると7年後はどうなるか。**

図表2-5-47

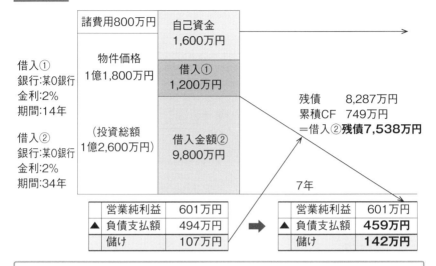

諸費用800万円

借入①
銀行:某0銀行
金利:2%
期間:14年

物件価格
1億1,800万円

自己資金
1,600万円

借入①
1,200万円

残債　　　8,287万円
累積CF　749万円
＝借入②残債7,538万円

借入②
銀行:某0銀行
金利:2%
期間:34年

（投資総額
1億2,600万円）

借入金額②
9,800万円

7年

営業純利益		601万円
▲負債支払額		494万円
儲け		107万円

➡

営業純利益		601万円
▲負債支払額		**459万円**
儲け		**142万円**

> 残債が8,287万円。
>
> キャッシュフローの累積は、先の**図表2-5-46**の例と同じ**749万円**。
>
> これを返済に回すと残債7,538万円になるため、返済が459万円に減り、儲けは142万円になります。

　貯まる金額が前の事例と同じ749万円で、返せた金額も同じなのに、**最終的に負債支払の返済額が違ってきて、儲けも異なって**しまいました。

　返済コストの高いほうを先に返済した場合のほうが儲けが多いのはなぜでしょうか。

・**返済コスト（K%＝返済額/借入額）の高いほうを繰上げ返済するほうが効率は高い。**

　先ほどの例だと、借入①K%＝8.2%　借入②＝4%

・**融資の組み立てはいろいろ。あえて一部分の融資を短期間で組んで、総額の融資を伸ばすという方法もある。**

・**メリットとデメリットは表裏一体。**

　返済期間が短いということは、それだけ元金の返済も早く進むという

こと。

◆新築アパートの場合―なるべく川上の情報をおさえる
　①更地（または解体前の古家付）の段階で取得
　②プランの変更が効くこともある
　　例：15㎡の9世帯⇒22㎡の6世帯へ変更等
　③外壁の色や設備の追加など選択できる
　④劣化等級2級や3級の取得も可能

　新築1棟アパートを買うときの注意点をまとめますと、次のとおりと
なります。

まとめ
☑自分がどこの金融機関を利用可能なのか
☑その金融機関からいくらまで資金調達が可能なのか
☑個人名義or法人名義or親名義（法人設立含む）の選択
　親の資産を含めて相続税発生有無の把握が望ましい
　親と共同戦線を組める場合は、また作戦が異なってくる
☑利用金融機関と物件の相性の把握
☑投下可能な自己資金（現金だけでなく所有不動産を含む）の把握
☑上記の5つの把握次第で実現可能な資産形成の道筋が決まる

コラム

◆Q&A
Q　法定耐用年数22年が過ぎた中古の木造アパートを自分が全部の株主の法人を
　作って、その法人に売却した場合、4年の減価償却ができますか？
A　個人で持っていた不動産を償却期間が過ぎたので、自分がつくった法人に売る
　場合でも4年の償却期間できます。また、その不動産の返済が残っていた場合、
　その売却のための融資をしてくれる金融機関もあります。
　　なお、借換えのときも、別に個人から個人でなくても構いません。個人から法
　人にできる場合もあります。

⑥ 投資用の新築1棟RCマンションを買う前に聞く話

たとえば、東京都大田区の**新築1棟マンション4億8,000万円**で実際に売りに出ていた**物件**で、分析してみます。

図表2-5-48

東京都内　投資用　新築1棟RCマンション

諸費用2,400万円	自己資金50万円			

	見込売上	1,920万円
▲ 空室・未回収損		96万円
実効売上		1,824万円
▲ 運営費		300万円
営業純利益		1,524万円
▲ 負債支払額		2,000万円
儲け（キャッシュフロー）		▲476万円

物件価格 4億8,000万円 （投資総額 5億400万円）

借入金額 5億350万円 銀行:某銀行 金利:2% 期間:35年

この**図表2-5-48**のように、**物件価格4億8,000万円**、

諸費用2,400万円、

投資総額で5億400万円、

借入れはケースバイケースですが、ここでは**5億350万円**、いわゆる**オーバーローン**の提案を販売業者さんから提案されたとします。

自己資金は50万円入れたと想定します。

金利は2%、35年返済というところで、

どのような**収益構造**になるのでしょうか。

　見込売上（賃料）は、広告図面に載っていました、**1,920万円**。

　本当は、相場ではいくらで貸せるか、および新築でなかったら、いくらで貸せるかをしっかり計算しなければならないですが、ここではこのままの数字でいきます。

　空室率は、もちろんその広告には載っていませんが、**5%に想定**しました。

それを引くと**1,824万円**。

エレベーターや受水槽がマンションにはありますので、それらの**運営費や管理費**、具体的には、ビルメンテナンス料、共用部分の光熱費、固定資産税、都市計画税、賃貸管理手数料など**300万円を引きます**と、

1,524万円の営業純利益になります。

そこから**負債支払額（銀行返済分）を引くとマイナス476万円**。

月々マイナス約40万円の持ち出しになってしまいます。

これを**投資指標**でみると、次の**図表2-5-49**になります。

	見込売上	1,920万円
▲	空室・未回収損	96万円
	実効売上	1,824万円
▲	運営費	300万円
	営業純利益	1,524万円
▲	負債支払額	2,000万円
	儲け（キャッシュフロー）	▲476万円

営業利益 1,524万円
÷投資総額 5億400万円
＝利益率　　3%

キャッシュフロー ▲476万円
÷自己資金 50万円
＝資本効率　▲952%

営業利益 1,524万円
÷負債返済 2,000万円
＝安全率　　0.76

利益率1,524万円を投資総額5億400万円で割り戻すと**利益率3%**となりますが、

見込賃料が広告図面のままですので、相場賃料に割り戻すともう少し低くなると思います。

資本効率は、キャッシュフローがマイナス476万円を、自己資金50万円を入れていますので、それで割り戻すと資本効率**マイナス952%**。

次に、**営業純利益1,524万円**を負債2,000万円で割り戻すと、

0.76の安全率。

　つまり、**返済額のほうが大きいので、1を割ってしまうというこ
と**です。

　持てば持つほど、マイナスで、**赤字の垂れ流し**状態です。

　それでは、どのような投資指標にするのが良いのでしょうか。

　そこで、**頭金をもっと入れて、キャッシュフローが出るようにしよう、
儲けが出るようにしよう**とすると、次の図表2-5-50になります。

図表2-5-50

東京都内　投資用　新築1棟RCマンション

諸費用2,400万円	自己資金 1億5,400万円		見込売上	1,920万円
		▲	空室・未回収損	96万円
物件価格 4億8,000万円	借入金額 3億5,000万円		実効売上	1,824万円
		▲	運営費	300万円
			営業純利益	1,524万円
（投資総額 5億400万円）	銀行:某銀行 金利:2% 期間:35年	▲	負債支払額	1,393万円
			儲け （キャッシュフロー）	**131万円**

　つまり、**資本金（自己資金）を1億5,400万円**まで増やして、
借入れを3億5,000万円まで減らして、
それを**金利2%で35年返済**ですと、
上記の**図表2-5-50**のように**負債支払額が1,393万円**、
儲けが131万円で、プラスになります。

　そこで、「このようにしたら、月々10万円、キャッシュフローが黒字
になりますよ」とセールスされるかもしれません。

　そこで、この場合を投資指標でみると次の**図表2-5-51**のようになり
ます。

	見込売上	1,920万円
▲	空室・未回収損	96万円
	実効売上	1,824万円
▲	運営費	300万円
	営業純利益	1,524万円
▲	負債支払額	1.393万円
	儲け（キャッシュフロー）	131万円

営業利益 1,524万円
÷投資総額 5億400万円
=**利益率** **3%**

キャッシュフロー 131万円
÷自己資金 1億5,400万円
=**資本効率** **0.8%↑**

営業利益 1,524万円
÷負債返済 1,393万円
=**安全率** **1.09↑**

利益率は変わりません。

資本効率は、マイナス952%よりは上がり、0.8%になりました。

銀行にお金を預けるよりは、良いかもしれませんが、**安全率は、1.09倍。**前の図表2-5-49の例では**0.76**ですので、上がってはいますが、**できれば1.3倍はほしいところなので、まだまだ低い**といえます。

それでは、安全率1.3になるように買うには、どうすれば良いのでしょうか。

安全率1.3にするのに必要な自己資金は？

諸費用2,400万円	自己資金 2億960万円
物件価格 4億8,000万円	借入金額 2億9,440万円
（投資総額 5億400万円）	銀行：某銀行 金利：2% 期間：35年

	見込売上	1,920万円
▲	空室・未回収損	96万円
	実効売上	1,824万円
▲	運営費	300万円
	営業純利益	1,524万円
▲	負債支払額	1,172万円
	儲け（キャッシュフロー）	352万円

そこで上記の**図表2-5-52**のように、**自己資金を2億960万円**に増やします。

借入れを2億9,440万円まで減らす必要があります。

そうすると、負債2億9,440万円への**返済は年1,172万円**。

儲けは年352万円になります。

これを**投資分析**します。次の**図表2-5-53**を参照してください。

図表2-5-53

	見込売上	1,920万円
▲	空室・未回収損	96万円
	実効売上	1,824万円
▲	運営費	300万円
	営業純利益	1,524万円
▲	負債支払額	1,172万円
	儲け（キャッシュフロー）	**352万円**

営業利益 　1,524万円
÷投資総額 　5億400万円
=利益率　3%

キャッシュフロー 　352万円
÷自己資金 　2億960万円
=資本効率　1.6%↑

営業利益 　1,524万円
÷負債返済 　1,172万円
=安全率　1.3↑

利益率は同じで、

資本効率は、儲け352万円を得るために入れた自己資金2億960万円で割り戻すと、**1.6%**になり、

先の事例の0.8%よりは上がったといえますが、**上がった実感は、今ひとつ**ではないでしょうか。

そして、**安全率は1.3**にはなりました。

儲けも352万円でるようになりました。

それでは、将来売ったらどうなるのか。**将来の売却想定価格**が大切です。

次の**図表2-5-54**になります。

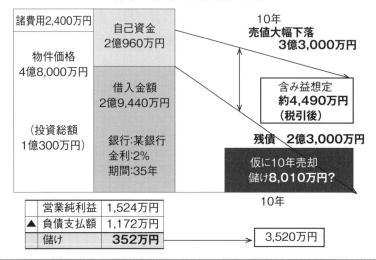

図表2-5-54

将来の売却想定価格が大切

諸費用2,400万円	自己資金 2億960万円
物件価格 4億8,000万円	借入金額 2億9,440万円
（投資総額 1億300万円）	銀行:某銀行 金利:2% 期間:35年

10年
売値大幅下落
3億3,000万円

含み益想定
約4,490万円
（税引後）

残債　2億3,000万円

仮に10年売却
儲け8,010万円?

10年

	営業純利益	1,524万円
▲	負債支払額	1,172万円
	儲け	**352万円**

→ 3,520万円

　自己資金2億960万円。

　借入金額2億9,440万円。

　その**10年後**、図表2-5-54のように**売却物件価額**にだいぶ下落しました。

　現実的にどのくらいになるか計算してみましたが、たぶん**3億3,000万円**くらいになりそうです。

　ただし、**残債も2億9,400万円から2億3,000万円に減ってい**ます。

　そうすると、**売ったとした物件価額が下がっていますが、残債も減っていますので、含み益で約4,490万円**になります。

　売ったら売却益が出ることになります。

　しかも、年間の**儲け352万円10年間で総額3,520万円**になります。

　つまり、**含み益と累積額を合わせると8,000万円**くらいの儲けが出ることになります。

しかし、**果たして本当に儲けになっているのでしょうか**。

　実は、**自己資金2億960万円を出していました**ので、その**2億960万円に対して8,010万円の儲け**ということになります。

　それでは、**トータルでどれだけ儲かったのか**というと、次の**図表2-5-55**です。

図表2-5-55

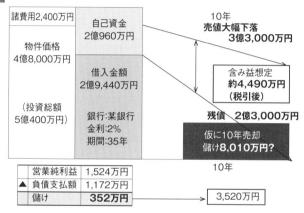

☑**単年の収益だけでは**投資として儲かるかわからない。
☑売却ありきではないが、購入時には**売却損益まで予想して投資判断**が大切。

割引率（期待収益率）	3.00%
税率（所得税・住民税）	25.00%
譲渡所得税率	20.32%
保有期間	10 年

全体分析	税引前	税引後
IRR（内部収益率）	-10.05%	-11.44%
NPV（正味現在価値）	¥-110,667,322	
PB（資金回収期間）	回収不能	回収不能

　単年の儲けだけではなくて、売ったことも想定して、入れたお金がどれだけの運用リターンであったのか、**IRR（内部収益率）およびネットプレゼントバリュー**という視点が大切です。

今回の事例では、結論を言うと、

> この**図表2-5-55**の下の表のように、**税引き後IRRマイナス11.44%、税引き前では、マイナス10.05%**。
>
> つまり、**IRR（内部収益率）**においては、期待収益率3%でみたとすると、**正味現在価値がマイナス約1億1,067万円**になります。
>
> 要は、この投資をやることは、**期待収益率3%くらいで運用したいという人には、約1億1,000万円のロス**になることを教えてくれています。

IRRがマイナスなので、そもそも投資としては、成り立っていないことが、わかります。

それでも、**セールストーク**では、次のようなことが、よく言われます。それに対しては、次のようにお答えできます。

①「**新築なので長いこと所有できます**」

　➡投資として成り立っていません。

②「**サブリースで賃料が確定しています**」

　➡サブリース賃料がはずれたら、いくらでかせるのか、またはサブリース賃料でも、1年後、2年後で大きく保証賃料が下落することがあります。

③「**仲介手数料がかからないので諸費用が割安**」

　➡建物金額がかなり高いことがよくあります。

④「**自己資金は、ほぼ必要なく融資で買えます**」

　➡融資で必要なく買えたとしても、かなりのマイナスキャッシュフローになりがちです。それに耐えられるかということがあります。

⑤「節税効果が得られます」

➡初年度は、買った経費、かかった経費の半分くらいは経費計上ができ、個人で買っていれば、税金の還付を受けられたりします。ただ、翌年以降は、逆に税金を払わなければならなくなることもありますので、注意が必要です。キャッシュフロー(儲け)が出る買い方をしたとしても元金分の返済は経費にならないからです。

⑥「相続税対策になります」

この目的の人も多いと思います。

➡**投資にはなりませんが、相続税対策にはなります。**

先ほどの**図表2-5-55**に戻りますが、**4億8,000万円**で**物件**を買いました、小規模宅地の評価減を使って**相続税評価**で30%ぐらいとすると、**1億4,400万円**ぐらいまでに相続税評価を圧縮できました。

かつ、**自己資金2億960万円**を出し、

借入れも2億9,440万円ありますので、

この物件の**相続税評価1億4,400万円**に対して5億円(2億960万円**＋2億9,440万円**)ぐらい**マイナス評価**ができます。

そうすると**3億6,000万円**ぐらいは、**マイナス部分**が作れて、相続税の計算上ほかの資産から相殺できることになります。

仮に**相続税率50%**のほうだと3億6,000万円の評価の圧縮ができれば、**相続税1億8,000万円**を圧縮できることになります。

不動産自体は、相続税対策には、すごく相性が良いですが、アパート・マンションを建てれば良いというものではありません。

将来その不動産を売るとき、世の中の相続税対策には先ほどの「**単年の儲けだけではなくて、売ったことも想定して、入れたお金がどれだけの運用リターンであったのか、IRR(内部収益率)およびネットプレゼントバリュー」という視点**が抜け落ちているのです。

仮に1億8,000万円相続税を得たとしても、投資として不適格なら、本末転倒です。

⑦「新しいため出口（売却）がとりやすいです」

　➡とれるけれども、値段は下がります。

⑧「空室率が低いです」

　➡空室率は低いかもしれませんが、そもそも値段が高く、儲けがでて
　　も、かなり資本金を入れることになり、売るときに損をすることが
　　多くあります。また空室が出ても、賃料が下げられず、むしろ空室
　　率を上げる可能性があります。

⑨「団体信用生命保険加入で保険代わりになります」

　➡まずは、自分が生きているときに資産として成り立っていて、収入
　　にもなっていて、**自分に何かあっても遺族が引き継いで、損をしな
　　い不動産経営ができる物件かどうかが大切**ということです。

⑩「ローンが終わったら年金代わりになります」

　➡確かに年金代わりになりますが、気の長い話で、売るときにトータ
　　ルでは損をすることがあります。

　結論として、**効率的に資産拡大したいなら、基本的に新築１棟RCマ
ンションの購入はやめておいたほうが良いケースが多いです。**

❼ 買付け（中古1棟）を入れるときの注意事項

　中古の1棟アパートまたは1棟マンションの買付けを入れる際の買付承諾書あるいは買付証明書、購入申込書ともいわれていますが、その**買付承諾書に記載されている項目を紹介**します。

　これぐらいは確認が必要です。

図表2-5-56

買付承諾書（1棟もの）

令和　年　月　日　**不 動 産 買 付 承 諾 書**　　㈱○○○○

　　　　　　　　御中

ご担当　　　　　　　　　　　　　　　　　　担当 ○○

所在地
物件名
号　室
面　積　建物面積　　㎡／土地面積　　㎡

◇売買代金に関する事項および条件
総 額 金　　　　円
手付金 金　　　　円　　ご契約締結時
残 代 金　　　　円　令和　年　月　日
条　件（ローン特約、瑕疵担保、管理替え相談）
金融機関：□□□□銀行
◇ご契約に関する事項
ご契約日 令和
場所 ㈱○○○○にて　　時間 ご相談　　より
㈱○○○○宛 上記物件の 購入 を承諾します。
令和　年　月　日
　　　　　　住所
買主 様
　　　　　　氏名

大変恐縮ですが、下記の事項を契約前に事前確認させていただきます。ご用意のほどよろしくお願いします。

・固定資産公課証明書（土地・建物）
・過去における修繕履歴（屋上、外壁、給水ポンプ交換時期等）
・入居者内容属性と賃貸借契約書の写し、最新のレントロール表
・土地建物謄本、公図、建物図面、地積測量図面
・上下水道埋設図面、ガス埋設図面、道路査定平面図等
・建築確認番号、検査済証有無の確認・施工設計図書一式
・隣地要書並びに隣地境界立会証明書（測量図登記がない場合）←
・現状の建物定期メンテナンス費用（共用光熱費、消防、清掃、受水槽）
・告知事項（屋上防水状態、給水ポンプ状態、滞納者、退去予定者）
・消防設備点検報告書、貯水槽清掃点検報告書
・売主様売却理由、消費税額の有無
・水道メーター共有の有無、賃借人の水道料金は家賃込みか？
・CATV 費用等の有無

※区分ワンルームと比較すると相当増える。

※CATV費用の有無、BM費用も契約解除し辛い業者との契約がないか、リース契約はないか等も、きちんとチェックを行う。

　そもそも買付承諾書とは何でしょうか。

　この金額で、この条件で、この内容を確認させてもらえれば、購入しますという意思表示を表したものです。

　売りに出ている物件を確認するなかで、条件面で、たとえば、「この金額何とかならないですか」とか、「ここを確認させてください」とか、販売側、いわゆる物元の業者と話をすると、「まず紙を入れてください」

とよく言われます。その「紙」とは、買付承諾書のことです。

　要は、**書面で意思表示してくださいということ**です。

　価格交渉するなら、この価格なら買いますという意思表示を書面でしてもらいたいということです。ただ価格交渉をするのでなく、本気で買う気があるなら、書面を入れてくださいというのが販売側の言い分です。

　それでは、**買付承諾書は、どのような構成**になっているのでしょうか。
この**図表2-5-56**は、普段私どもが使用しているひな形です。

　左側は物件のプロフィールです。

　所在地と物件名。

　それに対して**購入希望金額、手付金、残代金額**。

　いつまでに引渡しを希望する、

　銀行はどこを使います、

　契約予定は、いつなら可能です等です。

　そして、買い手の記名・押印して送ることになります。

　それでは、この買付承諾書の中で**最低限確認しなければならない項目**、
つまり買付けの際のチェック事項について説明します。

　中古の場合、特に確認項目が多いので注意が必要です。

①固定資産税公課or評価証明書（土地・建物）

　固定資産税については、売主の納税通知書が5月ごろに届きますが、
物件を持っていると、運営費がかかります。いわゆるランニングコスト
がいくらぐらいかかるかで手取りの収入が変わってくるので、それを確
認しなければなりません。

　つまり、**ランニングコストの確認のため**です。

②入居者の内容属性と賃貸借契約書の写し

どのような人が住んでいるのか、賃貸借契約書の内容を確認させてもらいます。**特に契約書の賃料と賃料表とのすり合わせ**が必要です。

③最新の賃料表

②の賃貸借契約書と賃料表をすり合わせると、**賃料表に誤りがある場合があり、賃料の金額とか、敷金の金額が契約書と異なることがあります**ので、照合して、確認することが必要です。

④土地建物謄本、公図、地積測量図、建物図面

実際の権利関係や抵当権の設定状況、土地の面積が確定されているかなどの確認です。

⑤上下水埋設管図、ガス埋設管図、道路査定平面図

ライフライン関連です。

⑥建築確認番号、検査済み証の有無確認

建物を建てるとき、役所に**建築確認の申請**をして、承認を受けて、最終的に、その建築確認申請の内容どおりに建物を建てたかの**完了検査**を受けて、**検査済証が発行**されて、法的に問題ないということになります。

最近建築されたアパートまたはマンションは、建築確認済証および検査済証をもらわないと融資がおりません。今はしっかり対処していますが、**中古のもの、とくに築20年とか30年のものについては、必ずしも対処していない**のが、当たり前の時代もありました。

要は、建築確認の申請をした内容とズレのある建物があるということです。たとえば、本来は50㎡しか建てられないところに、80㎡の敷地目一杯の建物が建っているとか、2階建てのはずなのに3階建てのアパートが建っているとかで検査済証が取得できていないものがあります。

ですから、**法的に問題がないかどうか、建築確認の確認済証が出ているか、検査済証が取れているかの確認が必要**になってきます。

ただ、これが取れていないから、全くダメというわけではないのですが、利用しようと思っている金融機関、この不動産を買おうとしているときに使おうとしている**金融機関が建築確認の確認済証や検査済証がないとダメな場合があります。**

　もっともこれらの証書がなくても、利用できる銀行が選択肢としてないわけではありません。ただし**売却するときに、買主側が使える金融機関の選択幅が狭くなるリスクが増します**ので、確認が必要になります。あわせて、そのリスクを踏まえたキャップレートで購入できるかどうかが大切です。

⑦隣地要約書ならびに隣地境界立会証明書

　隣地にはどのような人が住んでいるかとか、境界で紛争がないかどうかなどの証明書です。金融機関によっては、境界確認が必須のところも多いです。

⑧現状の建物定期メンテナンス費用（共用光熱費、消防、清掃、受水槽）

　メンテナンスは、しっかりやっているか、費用はどのくらいかかるかとか、**固定資産税にも関係する運営費としてこの項目の確認が必要**となってきます。

⑨告知事項（滞納者、事故など）

　現時点で家賃の滞納者がいないとか、**事件・事故はなかったか**とかです。

⑩消防設備点検報告書、貯水槽清掃点検報告書

　これらの報告書の有無を確認して、法定点検を行っているかの確認です。

⑪消費税額の有無と金額確認、売却理由

　売主さんが課税業者の場合、**消費税**がいくらになるか、そうすると土地と建物の内訳によって、建物金額は減価償却の対象になりますから、建物金額を伸ばせないかという交渉が始まったりします。

　売主が個人であっても、消費税を課税される人、つまりテナント物件をいくつも持っている人などは、**消費税課税業者の場合がありますので、そこの確認が必要**になります。

　売却理由については、聞いても、本当の理由を言ってくれるケースは、少ないです。

　入居者に問題があった場合、管理会社がそのようなトラブルを引き受けて、解決してくれるかどうかも結構大切なことなので、先ほどの入居者の属性でトラブルをかかえているかがわかりますので、**管理の委託先の管理会社との打合せが必要になってくる場合も**でてきます。事前に入居者内容や賃貸借契約書の中身について共有しておきましょう。

⑫水道メーカー共有の有無、貸借人の水道料金は家賃込みか

　たまに、水道メーターが共有の場合であったりすると、入居者が各自で水道費用を清算することが難しくなりますので、貸主側が按分して請求したりする等その管理の手間が増えることになります。

⑬CATV費用等の有無と金額

　ＣＡＴＶのランニングコストがオーナーにかかってくるのかの確認です。

⑭Bフレッツ等の有無

　インターネットの環境は、整っているかどうかの確認です。

⑮賃貸借契約書の原本有無と部屋ごとの鍵の有無

　中古物件を取得するとき、買付けを入れるときは、**最低限ここに掲げ**

た事項を確認して、もしこれらの確認がとれない限りは、リスクが高い
と認識しておく必要があります。

8 ローンの申し込みの時に金融機関から聞かれたこと

　不動産投資において、肝の部分は、**融資**になります。その融資を受けるにあたり、銀行等から何を聞かれるのかと、心配に思われる人が多いと思います。

　前述の「基礎編」でも触れましたが、「不動産オーナーまでの道のり」ということで、どのような流れで、不動案投資家、大家業を始められるのかを再度簡略にまとめておきます。

図表2-5-57

不動産オーナーまでの道のり

（銀行事前審査）
①物件探し
②投資分析
③下見
④買付け
⑤銀行事前審査
⑥契約
⑦銀行融資本申込
⑧金銭消費貸借契約
⑨決済
⑩管理業務委託契約

①物件探しをして、

②投資分析をして、

③下見をして、

④買付けを入れて、

⑤銀行事前審査、つまり金融機関のおおむね内諾を得て、

⑥問題がなさそうなら、契約して、

⑦銀行融資の本申込をする。

　このときに銀行担当者と会って、申込書を書き、面談して、いろいろなことを聞かれたりします。そのあとローン承認を得られれば、

正式に金銭消費貸借契約を行い、

　⑧お金を借りて、

　⑨売り主へお金を払って（決済）、

　⑩所有権が移って、管理を任せて（管理業務委託契約）、

　運営がスタートしていく、という流れになります。

　実務上では、**物件探しの前に、事前審査によって融資先の当たりをつけておいて、どこの銀行が使えるか先に確認**しておくことが大切です。

　さて次に、銀行への融資の本申込をするときに、いったい銀行から何を聞かれるのかについて、説明します。

　まず、**ローンの申し込みは面談になりますが、服装**は、男性の場合、必ずしもスーツでなくて構いませんが、奇抜な服装は避けたほうが良いでしょう。

　次の**図表2-5-56**ですが、過去において、面談時に聞かれたことの一覧です。

図表2-5-56

過去において「面談」時に聞かれたこと

□勤務先または会社の内容

□仕事やポジションでの業務内容

□業界の内容（景気など）

□転職歴がある場合、転職した理由

□自己資金をどう貯めたか

□定年退職の年齢と退職金

□なぜ不動産投資をやろうと思ったか

□なぜこの不動産を買おうと思ったか

□物件の現地確認を行ったか

□所有不動産の稼働状況

□今後の不動産賃貸事業をどうしていきたいか

□法人で買う場合、なぜ法人で買おうと思ったか
□転職の予定
□引っ越しの予定

　銀行によっては、不動産の仲介会社が同席しても良いというところもあれば、同席しないで、別室にいてくださいというところもあります。

　その聞かれた内容ですが、まず基本的なことで、勤務先、会社の内容を聞かれます。

　仕事の内容、ポジション、職務内容とか、業界の内容またその景気の如何など一般的な範囲での話しですが、よく聞かれます。

　あと、転職歴が多過ぎる人を金融機関は嫌がりますが、**転職した理由が、キャリアアップとかヘッドハンティングとか、その理由に筋が通っていれば、問題はありません。転職がある場合は、その理由が重要です。**

　「自己資金をどう貯めたか」、たとえば、年齢の割にはかなりの金額、金融資産を持っているとか、どう考えても**この年収でこれだけの金融資産があるのはおかしいのでは？　貯金しても追いつかないのでは？　と思われるような場合があります。そこは相続が発生したからとか、その理由を説明ができれば、問題はありません。**しかし、その説明がおかしく、多額の現金が一時的に増えていたりすると、身内から借りたのではないか、または友人から一時的に借りて、金融資産のローン審査用のためだけの自己資金として、通帳の金額を上げているのではないかと疑われたりします。そのため、金融機関によっては過去からの通帳の履歴を求めてくることもあります。

　「定年退職の年齢と退職金」について、「定年は60歳ですか？」、「65歳で定年ですか？」、「退職金はいくらもらえますか？」なども具体的に聞

かれます。つまり、それによって銀行からすると、**定年を迎えたタイミングでローン元金がどこまで減って、一時的な退職金でどれだけ返せるのかの目論見が立つ**わけです。たとえば、ローンの残債が定年まで5,000万円まで減っている、退職金で3,000万円入るので、ローン残債を一部返せばローン残債が減り、返済額を減らせれば安全性が増すなどの、融資担当者のりん議上の組み立てができますので、**金融機関は、この項目を大変気にします。**

次に、「なぜ不動産投資をやろうと思ったか」、「なぜこの不動産を買おうと思ったか」なども聞かれます。

また、「しっかり現地見ていますか」とかも聞かれます。銀行によっては、その不動産を購入する人と一緒に現地に行って、この物件で間違いないかまで確認するところもあります。

その他、最近では、いま結婚していて、奥さんが独身時代に住んでいたマンションを賃貸に出していて、そのマンションは、住宅ローンを継続して利用していると、「なんで、住宅ローンを借りられているのですか？、本当は、投資用に切り替えなければ、ならないのでは？」と言われることが増えました。

その場合、**銀行に相談して承諾をもらい、結婚をしたので、住宅ローンを継続利用できていますと、しっかり説明する必要**があります。住宅ローンを投資用として不正利用するケースが多かったため、確認されるようになりました。

特に次に掲げているものは、注意してください。
☑融資実行直後に転職・退職
融資直後に転職・退職してしまうと、融資の審査時点の内容が大きく変わってしまい、その前提では銀行も融資をしないので、追加投資はも

ちろんですが、その人を金融機関に紹介した不動産会社と金融機関との信頼関係もこわれる場合もあり、各方面との信頼関係に支障をきたすことになります。

もし転職・退職を考えているときは、事前に不動産会社、および銀行に伝えましょう。

☑何かを隠している

伝える必要があると思われることを隠していませんか？　はっきり言っておく必要があります。

金銭消費貸借契約書の内容が、どんどん厳しくなっています。

うそをいっている（虚偽告知）とか、知っているのに言っていない（事実不告知）など。

たとえば、他に法人を持っているのに言っていないとか、離婚して子どもがいて、養育費を払っていることを言っていないとか、本来は銀行に伝えておかなければならないことを言っていないと問題が生じます。

虚偽告知あるいは事実不告知をすると、返済30年または35年のローンで貸してくれる期限の利益を失って、一括でローンを返すように言われることもあります。

このように、最近の金融機関との契約書の内容は、どんどん増えています。

ご承知のとおり不動産投資について、社会的にいろいろな問題もありました。金融機関の不正融資、自己資金の改ざん、契約書の改ざんです。そして、これらは、不動産会社が主導したものに限らず、一般の人が知ったうえで便乗したケースもありました。そんな社会背景から、金融機関の融資の取組姿勢が厳しくなってきています。

不動産会社および銀行に伝えておく必要があると思われることは、隠すことなく、しっかりと言っておかないと、後々大変なことになることもありますので、注意が必要です。

不動産売却の流れと
知っておいて欲しいこと

① 不動産売却の流れ

不動産を売却するときの主な流れは、次のとおりです。

①売却想定価格の調査

②売却依頼＆管理会社との調整

③レインズ登録＆有料媒体登録

④反響＆商談（条件交渉）＆買付け

⑤契約手続

⑥借入先の金融機関へ連絡（要本人）

⑦決済当日、買主からの売却金額から借入先の金融機関へ返済

② 売却手取りを試算して代替え投資と比較する

　売却手取りを試算することによって、**代替え投資**と比較できるようになることが必要です。

　要は、物件を売りました、税金を払いました、手残り資金がいくらあります、**その手残り資金を使って、現在どのような運用ができるかという視点が大切**なのです。

　たとえば、次の事例です。

物件	1棟中古木造アパート
売却価格	2億円
保有	5年間超（個人名義）
残債	8,000万円

　個人で所有している物件ですので、確定申告の際に次の**図表2-6-1**のような減価償却費の計算のページがあります（これは見本として掲載しましたので、実際の事例とは関係ありません）。

図表2-6-1

○減価償却費の計算

平成（二十五年分以降用） 減価償却資産の名称等（繰越資産を含む）	面積又は数量	④取得年月	⑥取得価額（償却保証額）	⑥償却の基礎になる金額	償却方法	耐用年数	⑤償却率又は改定償却率	⑥本年中の償却期間	本年分の普通償却費⑥×⑤×⑥	割増（特別）償却費	本年分の償却費合計（⑨＋⑨）	⑦貸付割合	付本年分の必要経費算入額（⑨×⑦）	未償却残高（期末残高）	摘要
		17・9 年月	4,685,106	4,216,596	旧定額	47	0.022	12/12	92,766		92,766	100	92,766	3,617,972	
	1	17・9	2,620,548	2,358,494	旧定額	47	0.022	12/12	51,887		51,887	100	51,887	1,996,258	
	1	21・6	22,315,751	22,315,751	定額	12	0.084	12/12	0		0	100	0	0	売却 28/8
	1	22・5	11,466,000	11,466,000	定額	28	0.036	12/12	412,776		412,776	100	412,776	9,711,702	
	1	23・3	3,657,465	3,657,465	定額	3	0.334	12/12	0		0	100	0	1	償却済
		27・9	55,885,285	55,885,285	定額	22	0.046	12/12	2,570,724		2,570,724	100	2,570,724	52,457,653	
		28・12	55,717,880	55,717,880	定額	22	0.046	1/12	213,586		213,586	100	213,586	55,504,294	
	1	26・7	1,245,367	1,245,367	定額	15	0.067	12/12	83,440		83,440	100	83,440	1,036,767	
		27・	540,000	540,000	一括		1/3	12/12	180,000		180,000	100	180,000	180,000	
			( )					12/12							
			( )					12/12							
			( )					12/12							
計									3,605,179		3,605,179		3,605,179	124,504,647	

　（注）平成19年4月1日以後に取得した減価償却資産について定率法を採用する場合にのみ ⑤欄のカッコ内に償却保証額を記入します。

　個人で不動産を持つと毎年2月から3月までの間に確定申告をしなければなりません。その確定申告書にある減価償却費の内訳です。そこに減価償却後の未償却残高が載っています。その未償却残高が建物簿価と

いうことになります。

そこで、税金の計算をすると次の**図表2-6-2**のようになりました。

税金の計算➡手取りの計算

	収入金額	2億円
−)	取得費用	土地 1億3,000万円 建物簿価 1,000万円
−)	譲渡費用	800万円
−)	特別控除	0万円
=	課税譲渡 所得金額	5,200万円
×	譲渡所得税率	20.315%
=	譲渡所得税	1,056万円

	収入金額	2億円
−)	残債	8,000万円
−)	譲渡費用	800万円
−)	譲渡所得税	1,056万円
=	売却手取り	1億140万円

購入当時、投資した資金は**2,500万円**…

※ここでは特別控除は適用しておりません。

収入金額2億円から
所得費用は土地1億3,000万円、
建物簿価（未償却残高）1,000万円が残っていて、**合わせて1億4,000万円**を引き、

譲渡費用800万円（2億円の4%想定）を引いて、
特別控除は0ですので、
課税譲渡所得金額は5,200万円

個人所有不動産の長期譲渡ですから、それに**譲渡所得税率20.315%**をかけて
譲渡所得税1,056万円が出ました。

次に図表2-6-2の右側です。

その**収入金額2億円**から**残債8,000万円**と、

譲渡費用800万円と

先ほどの**譲渡所得税1,056万円**を引くと、

売却手取り**1億140万円**となりました。

購入当時投資した資金が2,500万円。

試算時点で**このアパートから得られるキャッシュフローは、200万円。**

売却すれば、1億140万円になります。ということは、現状での資本効率は、1.97％（200万円÷1億140万円）ということがわかります。

そこで、**次に何を**すれば良いでしょうか。次の2つの場合が考えられます。

①売却して1億140万円の資金に融資を合わせてレバレッジをかけて再投資ができる場合

自己資金（E）1億140万円×CCR（自己資本比率）10％（想定）
＝キャッシュフロー 1,140万円

> **自己資金（E）1億140万円にCCR 10％**と想定して**キャッシュフロー 1,140万円**にするしくみを作ることもできます。

②売却して1億140万円の資金で都心の中古ワンルーム複数戸を現金購入する場合

自己資金（E）1億140万円×FCR（実質利回り）4％（想定）
＝キャッシュフロー　405万円

このように**自己資金1億140万円**を**実質利回り4%で運用**すると**キャッシュフロー405万円**になり、なおかつ**無借金**です。

　このような選択肢もあります。

ですから、現状を把握しながら、

売却したらいくら手残りになるのかを試算し、

売却したら、その**売却額を資金にして代替えの投資**をすると**キャッシュフローはどのくらい**になるのか。

そして、**現状との比較を定期的に**試みてください。

現状維持と代替え選択肢との比較が大切

キャッシュフロー：　200万円　＜　405万円　＜　1140万円

※目的によって**どの選択肢が良いかは人により異なります。**

※自己資金と融資によって、どの選択肢がとれるかも人によって
　異なります。

❸ 他人事とは限らない──含み益の自然増あり

所有している不動産が購入時より高値で売れる場合があります。

実際に購入時800万円の区分マンションが1,500万円で売れるという事例もあります。

そのような状態に気づいていない人は結構います。

その増額分は、売却したときに現金で入ってくる利益ですので、物件を保有していても**含み益**が生じているのです。

その物件によっては**所有し続けるよりも売却して組み替えたほうが良い場合があります**。

たとえば、次のようなときの場合です。

> ・自宅の住み替え
> ・現在投資非効率になっている所有するアパートやマンション
> ・相続で取得したアパートやマンション
> ・相続で取得した実家

資産の組み換えによって、手元に現金がなくても、眠っていた売却益という資金を効率的に運用できる場合があるわけです。

最近では、新たに不動産投資を行おうとする場合、他にいくつか不動産を所有していて残債があると、頭金を2割、3割入れることを求めてくる銀行が多くなっています。

そういうときに資金が出せないときでも、仮に持っている不動産の一部を売却することによって、手持ち資金を増加させられる可能性も出てきます。

そのような視点で考えていくためにも、**売却益の試算が自分でできると便利**です。

ただし、人それぞれで目標やできる投資とリスク思考は異なりますので、その人にとっての最適な選択肢は違ってきます。

住宅の住み替えで
投資資金をつくる

① 既存の家計

まず、**既存の家計の例**は、以下のとおりです。

> 都内在住の人で、
> マンション（4LDK）に住んでいて、
> 売値は5,000万円なら売却できそうで、
> 残債は、まだ1,500万円あり、
> ローン返済は月15万円で年間180万円を払っている場合

　そして、そこに**住み続けなくても良い**と思っているケースは多々あります。
　人により、その理由はさまざまで、
　　☑子どもが独立して、部屋数が減っても構わない
　　☑もっと便利なところまたは静かなところに住みたい
　　☑郊外から都心へあるいは都心から郊外へ移りたい
　　☑戸建てから管理の楽なマンションへ
　などがあるかと思います。
　そこで、
　マンションを売却すると、経費や税金を払った後の売却手取り資金として3,000万円が手元に入ってくるとします。

② 資産の組み換え後の家計

① 住宅ローン3,000万円の返済

　売却後は、当然自身が住む家を確保するために、**住宅を買替え**ることになり、住宅ローンを組んだとします。住宅ローンであれば、**諸費用まで借りる**ことができます。

> そこで、**3,000万円**（諸経費込）の住宅に住み替えたとして、**金利1.2%**、**期間30年で借入れ**することができると、**ローン返済は月10万円**になり、以前の15万円より大幅に減額することができます。

　家を売却して、現金を手にし、住み替えて、その住宅ローンを低金利で長く借りて、月々の住宅ローンの返済額を抑えることができます。

② アパート等融資を受けて投資

　次に、その組み換え後に、**売却益3,000万円に融資を受けて1棟アパートを購入**します。

> 売却して得た**3,000万円を頭金**にして、**借入れ**し、**1棟アパートを購入**
>
> **CCR（自己資本配当率）15%で運用**したとすると、**年間450万円、月37.5万円の収入**になります。
>
> 住宅ローンの返済で**月10万円、年間120万円を支払っても、残り月27.5万円、年間330万円の儲け**が出ました。

　家賃収入が住宅ローンをまかなってくれて、なおかつ儲けが出ます。

③ 投資用中古1Rを現金購入

または、その組み換え後に、現金で中古ワンルームマンションを購入します。

> 中古のワンルームマンションを現金で購入するとして、
> 3,000万円をFCR（総収益率＝実質利回り）5％で運用すると、
> 月12.5万円、年間150万円の儲けが出ます。

家賃収入が住宅ローンをまかなってくれて、なおかつ、儲けが出ます。しかも借入れは、住宅ローン3,000万円の部分のみです。

以上を整理すると、次のとおりです。

【既存の家計】

住宅ローン返済	▲15万円（年間▲180万円）
合計	▲15万円（年間▲180万円）

【組み換え後の家計（家計＋アパート等融資を受けて投資）】

①住宅ローン3,000万円の返済	▲10万円（年間▲120万円）
②3,000万円をCCR15％で運用	＋37.5万円（年間＋450万円）
合計	＋27.5万円（年間＋330万円）

【組み換え後の家計（住宅＋投資用中古1Rマンション現金購入）】

①住宅ローン3,000万円の返済	▲10万円（年間120万円）
③3,000万円をFCR5％で運用	＋12.5万円（年間150万円）
合計	＋2.5万円（年間30万円）

まとめ

☑住宅ローンとして出ていくだけだったお金が、資産の組み替えによって、**収益をもたらす不動産を資産に組み込むことが可能**になる。

☑売却ありきの話ではなく、手元の資金次第では**現在の残債を返済してしまったほうが**新たに不動産を買うよりも収支的に良い場合もある。

☑住宅は人それぞれ思い入れがあるが、**有効に活用することで将来の生活資金をまかなう**ことができる場合がある。

この空き家、貸すべきか売却するべきか

空き家、空き地にもいろいろあります。

> ☑相続した実家に誰も住んでいない
> ☑昔住んでいたが空き家のままにしてある
> ☑貸していたが借り手が退去したままの不動産がある
> ☑とりあえず駐車場として貸している
> など

その空き家等を活用するための選択肢がいくつかあります。

> ❶ 現況のまま貸す
> ❷ リフォームして貸す
> ❸ アパートやマンションに建て替えて貸す
> ❹ 売却して資産の組み換えをする
> ❺ 貸しながら共同担保にする

上記の選択肢を考える場合、把握しておくポイントが2つあります。

> **1 相場の家賃がいくらか（賃貸相場）**
> **2 売却したときはいくら手残りがあるか**

仮に、**相場の家賃が10万円／月で、売ろうと思えば、3,000万円の手取り資金**が入ってくるとします。

以下、各選択肢の場合を見ていきます。

① 現況のまま貸す場合

収益構造と投資指標は、次のとおりです。

図表2-8-1

相場家賃を調べて貸したら儲けはいくら

	見込売上	120万円 (月10万円)
▲	空室・未回収損	6万円
	実効売上	114万円
▲	運営費	20万円
	営業純利益	94万円
▲	負債支払額	0万円
	儲け (キャッシュフロー)	**94万円**

営業利益	94万円
÷投資総額	**3,000万円**
=利益率	**3.1%**
キャッシュフロー	94万円
÷自己資金	**3,000万円**
=資本効率	**3.1%**
営業利益	94万円
÷負債返済	0万円
=安全率	**—**

実務編

まず、収益構造を見ていきます。

見込売上（GPI＝グロス・ポテンシャル・インカム）は、**家賃月10万円で年間120万円**。そこから

空室率は仮に5%として6万円を引くと、

実効売上が114万円

そこから**運営費**（ランニングコスト＝日常清掃費、消防設備点検費、共用部分の光熱費、固定資産税、都市計画税、賃貸管理手数料など）が**20万円**かかったとして、それを引くと、

営業純利益は94万円になります。

現状のまま貸していますので、**借入れは0円**で、**儲け**（キャッシュフロー）は**94万円**となります。

第8章　この空き家、貸すべきか売却するべきか

それを**投資指標に落とし込む**と、

・ **利益率**（FCR）
  営業純利益94万円を、売れば入ってくる**投資金額（3,000万円）**
  で割り戻すと、**3.1%**

・ **資本効率**（CCR）
  キャッシュフロー94万円を、売れば入ってくる投資金額（3,000
  万円）で割り戻すと3.1%

・ **安全率**（DCR）
  借入れしていませんので、**負債リスク**はなし。

② リフォームして貸す場合

図表2-8-2

☑リフォーム費用500万円想定（金利1.5%　期間10年で借入れ）

☑家賃は2万円/月アップで12万円想定

	見込売上	144万円 （月12万円）
▲	空室・未回収損	8万円
	実効売上	136万円
▲	運営費	20万円
	営業純利益	116万円
▲	負債支払額	54万円
	儲け （キャッシュフロー）	**62万円**

営業利益　　　　　116万円
÷投資総額　　　3,500万円
　（土地3,000万円＋R費用500万円）
＝**利益率**　　　**3.3%**

キャッシュフロー　　62万円
÷自己資金　　　3,000万円
＝**資本効率**　　**2.1%**

営業利益　　　　　116万円
÷負債返済　　　　54万円
＝**安全率**　　　**2.15**

リフォーム費用500万円を借りたとします。

金利1.5%で期間10年。

家賃が月2万円アップで12万円で貸せたとします。

　収益構造をみると、

　見込売上が144万円、

　空室・未回収損を5％と想定してが8万円を引くと、

　実効売上が136万円

　そこから**運営費**（日常清掃費、消防設備点検費、共用部分の光熱費、固定資産税、都市計画税、賃貸管理手数料など）**20万円**を引くと、

　営業純利益116万円になり、

　負債支払額（銀行返済額）**54万円**を引くと、

　儲けは62万円になります。

投資指標に落とし込んで、

・ **利益率**

営業純利益116万円を投資総額3,500万円（土地3,000万円+借入れたリフォーム費用分500万円）で割り戻すと**3.3%**になり、先の❶の事例より上がりました。

・ **資本効率**

儲け（キャッシュフロー）62万円を自己資金3,000万円（融資を受けた500万円は含みません）で割り戻すと**2.1%**

・ **安全率**

借入れしていますから、**営業純利益116万円を銀行返済額54万円**で割り戻すと**2.15**

　このように投資指標を出すのは、他の選択肢と比較検討するために必要だからです。

③ アパートやマンションに建て替えて貸す場合

【想定】
木造アパート　10世帯（約20㎡）
建築コスト　　5,000万円

たとえば、**更地に10世帯のアパートを5,000万円で建設**しました。
建築コスト5,000万円を
金利1.0%の期間30年で融資を受けたと想定します。

図表2-8-3

アパートやマンションに「建て替えて」貸す

☑建築コスト5,000万円（借入金利1%　期間30年の融資）

☑賃料5.5万円想定（10世帯）

	見込売上	660万円 （月55万円）
▲	空室・未回収損	33万円
	実効売上	627万円
▲	運営費	117万円
	営業純利益	510万円
▲	負債支払額	193万円
	儲け （キャッシュフロー）	**317万円**

営業利益　　　　　510万円
÷投資総額　　**8,000万円**
（土地3,000万円＋建築費5,000万円）
＝**利益率**　　　**6.3%**

キャッシュフロー　　317万円
÷自己資金（土地）　3,000万円
＝**資本効率**　　**10.5%**

営業利益　　　　　510万円
÷負債返済　　　　193万円
＝**安全率**　　　**2.64**

収益構造は、
賃料は月5.5万円で10世帯ですので、

見込売上は、月55万円で年間660万円になり、
空室率を5%と想定すると、その33万円を引けば、
実効売上げ627万円となります。

そこから運営費117万円を引くと、
営業純利益が510万円になり、

5,000万円の借入れをしていますので、
その銀行返済額193万円を引くと、
儲けのキャッシュフローが317万円になりました。

それを投資指標に落とし込むと、
・ 利益率
営業純利益510万円を投資総額（この場合、土地3,000万円に借り入れた建築費5,000万円を加えた額8,000万円）で割り戻すと6.3%

・ 資本効率
儲けのキャッシュフロー 317万円を自己資金3,000万円で割り戻すと10.5%

・ 安全率
営業純利益510万円を銀行返済額193万円で割り戻すと、2.64

④ 売却して資産の組み換えをした場合

　そもそも**売れば3,000万円が手元**に入ってくる不動産ですから、次のAからCの3つの選択肢が考えられます。

> A　その3,000万円を投資し、かつ、**借入れをして1棟アパートを購入**し、それを**資本効率（CCR）15%で運用**できれば、**儲け（キャッシュフロー）450万円**を得られることになります。
> 3,000万円×15%＝キャッシュフロー　450万円

> B　または**現金**で、**区分のマンションを購入**して、
> それを**利益率（FCR）4%で運用**できれば、
> **儲け120万円**を得られることになります。
> 3,000万円×4%＝キャッシュフロー　120万円

> C　あるいは**金融機関に預金**として預けると（これも運用）
> **利率0.001%で300円**の利息がつきます。
> 3,000万円×0.001%＝300円（利息＝運用益）

⑤ 貸しながら共同担保にする場合

前項の場合、金融機関に置いておくことが一番もったいないと思われますが、想い入れがあって、なかなか住居等を手放せない場合もあります。

そのようなときは、**その物件を貸しながら、それを担保に入れて、他の不動産を購入するという方法**もあります（ただ物件所在地によっては、このような方法を受け付けない銀行もありますし、融資額は金融機関によって異なります）。

> たとえば、**追加投資物件のアパートの購入**について、その空き家を賃貸しながら共同担保として活用することにより、銀行から**融資額5,000万円を金利2%の期間30年**で借り入れできたとします。
>
> 諸費用部分については、**自己資金400万円**を入れることで、**投資総額は5,400万円**になりました。
>
> 相場を調べたところ、**賃料は月額30万円想定**とします。

そこでこの**現況で貸しながら共同担保にして他物件を取得した場合の収益**を見てみます。

図表2-8-4

現況で貸しながら共同担保にして他物件を取得する
【前記❶の現況で貸す】

	見込売上	120万円 （月10万円）
▲	空室・未回収損	6万円
	実効売上	114万円
▲	運営費	20万円
	営業純利益	94万円
▲	負債支払額	0万円
	儲け （キャッシュフロー）	**94万円**

【❺共同担保にして他物件取得】

追加アパート部分

☑追加投資物件　融資額5,000万円（金利2%・期間30年）＋自己資金400万円
　　　　　　　　＝投資額5,400万円想定

☑賃料月額30万円想定

	見込売上	360万円 （月30万円）
▲	空室・未回収損	18万円
	実効売上	342万円
▲	運営費	60万円
	営業純利益	282万円
▲	負債支払額	222万円
	儲け （キャッシュフロー）	**60万円**

前記❶で説明しましたように
その**収益構造**は、
見込売上が120万円で、
空室率は5%と想定して**6万円**を引くと、
実効売上は、114万円になり、
そこから**運営費20万円**を引くと、
営業純利益は94万円になります。

現況で貸していますから、
借入れは0円ですので、
儲け（キャッシュフロー）は94万円となります。

❺**の共同担保にして他物件取得の場合**、
その**収益構造**は、
見込売上が360万円で、

空室率は5%と想定して、**18万円**を引くと、

実効売上は、342万円になり、

そこから**運営費60万円**を引くと、

営業純利益は282万円になり、

借入れ5,000万円がありますから、

銀行返済額222万円です。それを引くと、

儲け（キャッシュフロー）は60万円となります。

上記の❶と❺を合計すると次の**図表2-8-5**の左部分のようになります。

図表2-8-5

貸しながら共同担保に（合計）

追加アパート部分

☑追加投資物件　融資額5,000万円（金利2%・期間30年）＋自己資金400万円

　　　　　　　　＝投資額5,400万円想定

☑賃料月額30万円想定

❶＋❺＝合計収支

見込売上	480万円 （月40万円）	
▲ 空室・未回収損	24万円	
実効売上	456万円	
▲ 運営費	80万円	
営業純利益	376万円	
▲ 負債支払額	222万円	
儲け （キャッシュフロー）	**154万円**	

営業利益　　　　　　376万円
÷投資総額　　　**8,400万円**
（土地3,000万円＋融資5,000万円
　＋自己資金400万円）
＝利益率　　　**4.4%**

キャッシュフロー　　154万円
÷自己資金　　　3,400万円
（土地3,000万円＋自己資金400万円）
＝資本効率　　**4.5%**

営業利益　　　　　　376万円
÷負債返済　　　　　222万円
＝安全率　　　**1.69**

儲け（キャッシュフロー）が154万円となりました。

次に投資指標に落として、分析すると上記の**図表2-8-5**の右部分のよ

うになります。

- 利益率

  営業純利益376万円を

  投資総額8,400万円で割り戻すと4.4%となります。

  この場合の**投資総額の内訳は、土地3,000万円と融資5,000万円と自己資金400万円の合計金額**になります。

- 資本効率

  キャッシュフロー 154万円を自己資金3,400万円（土地3,000万円+借入れたリフォーム費用分500万円）で割り戻すと**4.5%**

- 安全率

  営業利益が返済に対して何倍あるかということですから、**営業純利益376万円を銀行返済額222万円**で割り戻すと**1.69**

---

❶〜❺の選択肢を見てきましたが、**キャッシュフローの最大化が目的だとすると**、次のようになります（以下は、あくまで上記の事例に基づく順位です）。

1位	❹-A	売却して資本効率15%	儲け450万円
2位	❸	アパートに建て替える	317万円
3位	❺	貸しながら共同担保	154万円
4位	❹-B	売却して現金投資4%	120万円
5位	❶	現況のままで貸す	94万円
6位	❷	リフォームして貸す	62万円
7位	❹-C	売却して銀行に預ける	300円

直近で、まとまった現金が必要な場合ならともかく、銀行に預けおく

だけでは、お金を遊ばせておくようなものだといえます。

次に注意点をまとめておきます。

☑事例は各想定数字によって異なってくる

☑何を優先するかで最適な選択肢は違ってくる
（収益性なのか安全性なのか等）

☑アパートやマンションに建て替えた場合、収益還元評価によっ
ては更地価格より市場価値が下落する場合がある点に注意

☑単年の収益や資本効率だけではなく、どの選択肢を取るにして
も将来の出口（売却）価格を想定したうえで正味現在価値
（NPV）や内部収益率（IRR）が、どのような数字になるか含め
て判断

法人活用編

不動産は個人保有にすべきか法人保有にすべきか

① 法人化のメリットを税率面から考える

　収益不動産を個人で保有する場合、その所得はその物件の所有者に帰属することになります。その所有者の所得がすでに高い場合には、その収益不動産から発生する所得についても高い税率が課税されてしまいます。

　そこで資産管理法人を通じて収益不動産を所有すれば、個人の高い税率とは切り離して運営することが可能になります。

　ここでは法人化のメリット・デメリットを説明する前に、法人より個人への課税負担が増えている最近の税制改正の傾向を説明していきます。

①法人と個人の税金の計算方法の違い

　法人と個人では税金の計算の仕方が異なります。

　個人の税率は、分離課税に対するものを除くと**超過累進税率**になっていて、**5%から45%の7段階**に区分されています。

図表3-9-1

所得税の速算表

課税される所得金額	税率	控除額
195万円以下	5%	0円
195万円を超え330万円以下	10%	97,500円
330万円を超え695万円以下	20%	427,500円
695万円を超え900万円以下	23%	636,000円
900万円を超え1,800万円以下	33%	1,536,000円
1,800万円を超え4,000万円以下	40%	2,796,000円
4,000万円超	45%	4,796,000円

（注）たとえば「課税される所得金額」が700万円の場合には、求める税額は次のようになります。

　700万円×0.23−63万6千円＝97万4千円

※平成25年から令和19年までの各年分の確定申告においては、所得税と復興特別所得税（原則としてその

年分の基準所得税額の2.1%）を併せて申告・納付することとなります。

つまり、所得が高ければ高いほど税率が高くなっていきます。

またさらに**住民税が10%**、事業的規模で不動産事業を行う場合には**個人事業税が5%**かかります。

図表3-9-2

所得税・住民税概算合算速算表(復興特別所得税含む)

課税総所得金額・課税退職所得金額または課税山林所得金額		所得税・住民税合算税率	控除額
超	以下		
―	1,950,000円	15.105%	0円
1,950,000円	3,300,000円	20.210%	99,548円
3,300,000円	6,950,000円	30.420%	436,478円
6,950,000円	9,000,000円	33.483%	649,356円
9,000,000円	18,000,000円	43.693%	1,568,256円
18,000,000円	40,000,000円	50.840%	2,854,716円
40,000,000円	―	55.945%	4,896,716円

それに対して**法人税**は、**課税所得金額**が年800万円を超えるかどうかで税率が異なりますが、**年800万円以下の場合の法人税は15%**になります（**図表3-9-3**）。

図表3-9-3

法人税の税率表

区分		適用関係（令和2年開始事業年度）
中小法人	年800万円以下の所得	15%
	年800万円超の所得	23.2%

一般的な中小法人の場合、法人税以外に法人都道府県民税と法人事業税がかかりますが、**年800万円以下の場合**、実効税率でみても**23.17%**となります。

つまり、**個人の税率と比較して法人税の税率が低くなるのであれば法人化**を検討すべきということになります。

年収が4,000万円を超える人の所得税・住民税の合算税率は55.945%となり半分以上が税金で持っていかれてしまいます。

また、**最近の法人税率の推移**です。

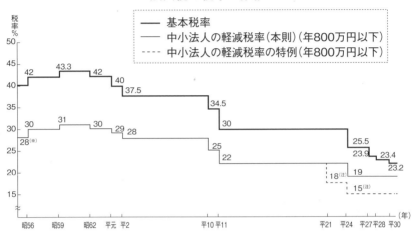

法人税の税率の推移

以前は40%台と高かった法人税率ですが、徐々に下がり続けています**。これはアメリカを筆頭に世界的に法人税率は引き下げ傾向にあり、日本だけ税率を高くするわけにはいかなくなったのです。よって、今後も法人税率については大きく増加することはないと思われます。

　それに対して、**近年個人課税については次に揚げるさまざまな税制改正が行われ、個人負担は増える一方**です。

②最近の税制改正―給与所得控除の見直し

　控除額が**一律10万円引下げ**となり、また**給与所得控除額の上限**については給与等の収入金額が**850万円超の場合には、給与所得控除額は一律195万円**になりました。

図表3-9-5

給与等の収入金額	給与所得控除額
162.5万円以下	55万円
162.5万円超180万円超	収入金額×40%−10万円
360万円超660万円超	収入金額×30%+8万円
180万円以下360万円以下	収入金額×20%+44万円
660万円以下850万円以下	収入金額×10%+110万円
850万円超	195万円

　この給与所得控除は徐々に縮小されてきましたが、**改正前と比較した年収別の減少額**は、**年収1,800万円**の人で**65万円**の減少、**年収4,000万円**クラスでは年間で**175万円**も所得控除が圧縮されたことになりました。

図表3-9-6

	平成24年	令和2年	減少額
年収900万円	210万円		15万円
年収1,200万円	230万円	一律195万円	35万円
年収1,800万円	260万円		65万円
年収4,000万円	370万円		175万円

③最近の税制改正─配偶者控除の見直し

　配偶者控除が**適用される配偶者の年収が103万円から150万円へ引き上げ**られる一方、**所得金額が1,000万円を超える場合には配偶者控除の適用がなくなりました。**

図表3-9-7

合計所得金額	配偶者控除の金額	
	改正前	改正後
900万円超		38万円
900万円超950万円以下	38万円	26万円
950万円超1,000万円以下		13万円

④最近の税制改正─基礎控除の見直し

　所得税の**基礎控除額が38万円から10万円引き上げられ48万円**となりましたが、**合計所得金額が2,400万円を超える場合には段階階的に**

引き下げられ、**合計所得金額が2,500万円を超える**と基礎控除の適用を受けることができなくなりました。

図表3-9-8

合計所得金額	所得税基礎控除額	住民税基礎控除額
2,400万円以下	480,000円	430,000円
2,400万円超2,450万円以下	320,000円	290,000円
2,450万円超2,500万円以下	160,000円	150,000円
2,500万円超	基礎控除の適用無し	基礎控除の適用無し

⑤個人・法人の税額シミュレーション

次の**図表3-9-9**は、単純に不動産を個人で保有した場合と法人で保有した場合の税額について比較した表です。

図表3-9-9

個人・法人の税額シミュレーション

法人所得の場合						法人		個人・法人合算	個人保有の場合	
不動産以外の所得	不動産所得	合計所得	所得税	住民税	合計	税引前利益	法人税等	税額	—	税額差額
500	0	500	506,900	469,500	976,400	100	293,800	1,270,200	1,280,600	-10,400
700	0	700	915,300	669,500	1,584,800	100	293,800	1,878,600	1,909,500	-30,900
1,000	0	1,000	1,673,000	969,500	2,642,500	100	293,800	2,936,300	3,079,400	-143,100
1,200	0	1,200	2,346,800	1,169,500	3,516,300	100	293,800	3,810,100	3,953,300	-143,200
1,500	0	1,500	3,357,600	1,469,500	4,827,100	100	293,800	5,120,900	5,264,000	-143,100
1,800	0	1,800	4,368,400	1,769,500	6,137,900	100	293,800	6,431,700	6,619,100	-187,400
2,200	0	2,200	5,974,800	2,169,500	8,144,300	100	293,800	8,438,100	8,652,700	-214,600
3,000	0	3,000	9,242,000	2,969,500	12,211,500	100	293,800	12,505,300	12,719,900	-214,600
4,000	0	4,000	13,326,000	3,969,500	17,295,500	100	293,800	17,589,300	17,835,600	-246,300

不動産以外の所得	不動産所得	合計所得	所得税	住民税	合計	税引前利益	法人税等	税額	合計	税額差額
500	0	500	506,900	469,500	976,400	300	741,600	1,718,000	1,909,500	-191,500
700	0	700	915,300	669,500	1,584,800	300	741,600	2,326,400	2,642,500	-316,100
1,000	0	1,000	1,673,000	969,500	2,642,500	300	741,600	3,384,100	3,953,300	-569,200
1,200	0	1,200	2,346,800	1,169,500	3,516,300	300	741,600	4,257,900	4,827,100	-569,200
1,500	0	1,500	3,357,600	1,469,500	4,827,100	300	741,600	5,568,700	6,137,900	-569,200
1,800	0	1,800	4,368,400	1,769,500	6,137,900	300	741,600	6,879,500	7,635,900	-756,400
2,200	0	2,200	5,974,800	2,169,500	8,144,300	300	741,600	8,885,900	9,669,500	-783,600
3,000	0	3,000	9,242,000	2,969,500	12,211,500	300	741,600	12,953,100	13,736,700	-783,600
4,000	0	4,000	13,326,000	3,969,500	17,295,500	300	741,600	18,037,100	18,954,500	-917,400

不動産以外の所得	不動産所得	合計所得	所得税	住民税	合計	税引前利益	法人税等	税額	合計	税額差額
500	0	500	506,900	469,500	976,400	500	1,214,100	2,190,500	2,642,500	-452,000
700	0	700	915,300	669,500	1,584,800	500	1,214,100	2,798,900	3,516,300	-717,400
1,000	0	1,000	1,673,000	969,500	2,642,500	500	1,214,100	3,856,600	4,827,100	-970,500

1,200	0	1,200	2,346,800	1,169,500	3,516,300	500	1,214,100	4,730,400	5,701,000	-970,600
1,500	0	1,500	3,357,600	1,469,500	4,827,100	500	1,214,100	6,041,200	7,127,500	-1,086,300
1,800	0	1,800	4,368,400	1,769,500	6,137,900	500	1,214,100	7,352,000	8,652,700	-1,300,700
2,200	0	2,200	5,974,800	2,169,500	8,144,300	500	1,214,100	9,358,400	10,686,300	-1,327,900
3,000	0	3,000	9,242,000	2,969,500	12,211,500	500	1,214,100	13,425,600	14,753,500	-1,327,900
4,000	0	4,000	13,326,000	3,969,500	17,295,500	500	1,214,100	18,509,600	20,073,400	-1,563,800

不動産以外の所得	不動産所得	合計所得	所得税	住民税	合計	不動産所得	法人税等	税額	合計	税額差額
500	0	500	506,900	469,500	976,400	800	1,959,800	2,936,200	3,953,300	-1,017,100
700	0	700	915,300	669,500	1,584,800	800	1,959,800	3,544,600	4,827,100	-1,282,500
1,000	0	1,000	1,673,000	969,500	2,642,500	800	1,959,800	4,602,300	6,137,900	-1,535,600
1,200	0	1,200	2,346,800	1,169,500	3,516,300	800	1,959,800	5,476,100	7,127,500	-1,651,400
1,500	0	1,500	3,357,600	1,469,500	4,827,100	800	1,959,800	6,786,900	8,652,700	-1,865,800
1,800	0	1,800	4,368,400	1,769,500	6,137,900	800	1,959,800	8,097,700	10,177,900	-2,080,200
2,200	0	2,200	5,974,800	2,169,500	8,144,300	800	1,959,800	10,104,100	12,211,500	-2,107,400
3,000	0	3,000	9,242,000	2,969,500	12,211,500	800	1,959,800	14,171,300	16,278,700	-2,107,400
4,000	0	4,000	13,326,000	3,969,500	17,295,500	800	1,959,800	19,255,300	21,751,700	-2,496,400

不動産以外の所得	不動産所得	合計所得	所得税	住民税	合計	不動産所得	法人税等	税額	合計	税額差額
500	0	500	506,900	469,500	976,400	1,000	2,695,700	3,672,100	4,827,100	-1,155,000
700	0	700	915,300	669,500	1,584,800	1,000	2,695,700	4,280,500	5,701,000	-1,420,500
1,000	0	1,000	1,673,000	969,500	2,642,500	1,000	2,695,700	5,338,200	7,127,500	-1,789,300
1,200	0	1,200	2,346,800	1,169,500	3,516,300	1,000	2,695,700	6,212,000	8,144,300	-1,932,300
1,500	0	1,500	3,357,600	1,469,500	4,827,100	1,000	2,695,700	7,522,800	9,669,500	-2,146,700
1,800	0	1,800	4,368,400	1,769,500	6,137,900	1,000	2,695,700	8,833,600	11,194,700	-2,361,100
2,200	0	2,200	5,974,800	2,169,500	8,144,300	1,000	2,695,700	10,840,000	13,228,300	-2,388,300
3,000	0	3,000	9,242,000	2,969,500	12,211,500	1,000	2,695,700	14,907,200	17,295,500	-2,388,300
4,000	0	4,000	13,326,000	3,969,500	17,295,500	1,000	2,695,700	19,991,200	22,870,600	-2,879,400

　　ここでは、**不動産以外の所得が500万円から4,000万円の場合で**さらに保有する不動産から生ずる所得が100万円から1,000万円の場合でシミュレーションしてみました。

　　不動産以外の所得が500万円で不動産所得が100万円の場合の個人・法人の税率差はほとんどありませんが、
　同じ不動産所得が100万円でも
　不動産所得以外の所得が4,000万円ある場合には、
　法人保有にするだけで年間246,300円も異なる結果になります。
　また極端な例で言えば、
　不動産以外の所得が4,000万円の人が
　不動産所得が1,000万円ある場合には、
　法人保有にするだけで年間2,879,400円も異なる結果になるのです。

❷ 資産管理法人の税率以外のメリット

また法人化には前述した税率だけではなく次のようなさまざまなメリットがあります。

メリット一覧

①配偶者などを役員にすることで所得分散が図れる

②退職所得控除を使うことができる

③経営セーフティ共済を活用できる

④小規模企業共済を活用できる

⑤法人名義の保険に加入することで会社が保険料を払う

⑥不動産所得が赤字の場合に借入金の利子を繰り越すことができる

⑦繰越欠損金を10年間繰り越すことができる

⑧法人には短期譲渡・長期譲渡区分がない

⑨死亡退職金の非課税枠を活用できる

⑩決算月を任意に設定することができる

⑪減価償却は任意で計算することができる

⑫資本金は1,000万円以下に設定する

⑬役員社宅を活用できる

⑭不動産の売却損を他の賃料収入と相殺ができる

⑮出張手当を支給できる

⑯相続対策にもなる資産管理法人

それではそれらのメリットについて、それぞれ説明していきます。

①配偶者などを役員にすることで所得分散を図れる

不動産を個人で保有している場合には、

基本的に**収入はその所有者の収入**になります。

それに対して**法人では、**

いったん法人に入った収入を**役員報酬として支給するといった形で所得分散を図ること**が可能です。

前述のとおり**個人の税率は超過累進税率**になっています。

所得が900万円であれば所得税率は33%となります。

それでは**同じ900万円でも3人で分けた場合**はどうでしょうか。

900万円を3人で分ければ一人当たりの所得は300万円となり、その所得税率は10%となります。

図表3-9-10

所得分散により税負担を軽減

所得が同じ900万円でも、

| 1人で900万円の場合の税負担額は年間230万円 | 3人で900万円の場合の税負担額は年間150万円 |

年間80万円も異なる

たとえば、**図表3-9-10**のように、**1人で900万円の場合の税負担は年間230万円**になりますが、**法人にして3人に300万円ずつ給料**を払うことにより分散すると、トータルでは同じ900万円でも、**税負担は150万円**となり、**年間80万円も税額が異なって**きます。

それを、もう少しくわしく表にしたものが次の**図表3-9-11**です。

図表3-9-11

課税所得金額		所得税・住民税	控除額
超	以下	合算税率	
—	1,950,000円	15.105%	0円
1,950,000円	3,300,000円	20.210%	99,548円
3,300,000円	6,950,000円	30.420%	436,478円
6,950,000円	9,000,000円	33.483%	649,356円
9,000,000円	18,000,000円	43.693%	1,568,256円
18,000,000円	40,000,000円	50.840%	2,854,716円
40,000,000円	—	55.945%	4,896,716円

> 所得が900万円の場合
> 9,000,000円×**33.483%**▲649,478＝2,363,992円

> 所得が300万円の場合
> 3,000,000円×**20.210%**▲99,548円＝506,752円
> 506,752×3人＝1,520,256円

②退職所得控除を使うことができる

　個人で不動産業を営んでいる場合には、退職金を支給することはできませんが、**資産管理法人であれば退職金を支給**することができます。

図表3-9-12

退職所得控除額の計算の表

勤続年数（＝A）	退職所得控除額
20年以下	40万円×A（80万円に満たない場合には、80万円）
20年超	800万円＋70万円×（A−20年）

　また**退職金には退職所得控除**を使うことができます。

　この退職所得は非常に優遇されている所得区分で、たとえば20年間会社に勤めていた人が退職金を取得した場合には800万円までは無税で退職金を受け取ることができます。

　またそれを超えたとしても2分の1課税ですので、実効税率は大幅に減少させることができます。

③経営セーフティ共済を活用できる

　経営セーフティ共済（中小企業倒産防止共済）とは、**取引先事業者が倒産した場合に、中小企業が連鎖倒産や経営難に陥ることを防ぐための制度**ですが、**現実的には課税の繰り延べとして利用**することが可能です。

　毎月、最高20万円まで拠出することができ、**その掛金は全額損金**となります（最高800万円まで積立可能）。

また**40ヶ月経過すれば100％全額戻ってくる**という制度です。

　法人であれば、次の**図表3-9-13**のような共済制度を使って課税の繰り延べを図ったり、税負担を抑えつつ法人の運営をしたりとか、経営設計のしやすさがあります。

図表3-9-13

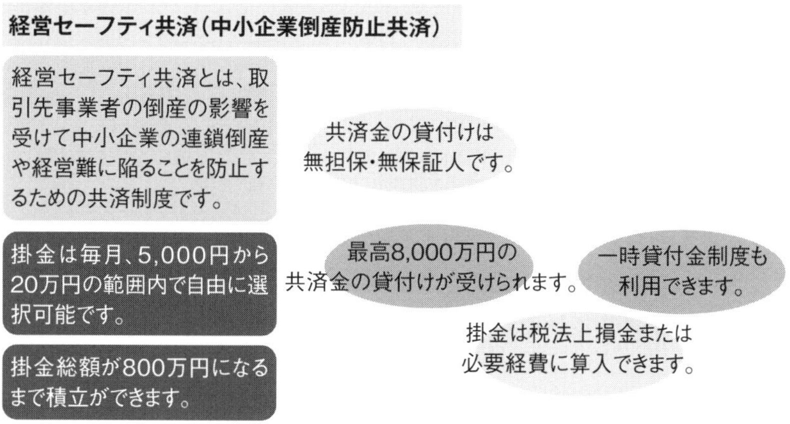

経営セーフティ共済（中小企業倒産防止共済）

経営セーフティ共済とは、取引先事業者の倒産の影響を受けて中小企業の連鎖倒産や経営難に陥ることを防止するための共済制度です。

共済金の貸付けは無担保・無保証人です。

掛金は毎月、5,000円から20万円の範囲内で自由に選択可能です。

最高8,000万円の共済金の貸付けが受けられます。

一時貸付金制度も利用できます。

掛金総額が800万円になるまで積立ができます。

掛金は税法上損金または必要経費に算入できます。

　この制度を利用すれば、積立時には全額費用になるため税負担を圧縮しつつ、将来投資物件に大規模修繕等が発生した場合、解約することでキャッシュフローの手当もすることができます。

図表3-9-14

6年目に大規模改修工事400万円をした場合
年200万円経営セーフティ共済に加入
6年目に積立分800万円を雑収入に計上

経営セーフティ共済に加入していない場合

	1年目	2年目	3年目	4年目	5年目	6年目	合計
利益	400万円	400万円	400万円	400万円	400万円	400万円	2,400万円
経費	0万円	0万円	0万円	0万円	0万円	400万円	400万円
税額(25%)	100万円	100万円	100万円	100万円	100万円	0万円	500万円

経営セーフティ共済に加入した場合

	1年目	2年目	3年目	4年目	5年目	6年目	合計
利益	400万円	400万円	400万円	400万円	400万円	1,200万円	3,200万円
経費	200万円	200万円	200万円	200万円	200万円	400万円	1,200万円
税額(25%)	50万円	50万円	50万円	50万円	50万円	200万円	500万円

　あくまでも課税の繰り延べのため、経営セーフティ共済に加入した場合と加入していない場合での合計は同じにはなりますが、**保有期間中の税負担を減少させる効果**があります。

④小規模企業共済を活用できる

　小規模企業共済とは、**小規模企業の経営者や役員が、会社を清算するときや退職した時に、それまで積立ててきた積立金を退職金として受け取ることができる制度**です。

　通常、サラリーマンでは加入することはできませんが、**資産管理法人を設立することで役員になるため加入することが可能**です。

　この小規模企業共済の**メリットは、掛金が全額、所得控除**になります。

　また将来、**共済金が戻ってくる場合には、掛金納付期間に応じて最大120%相当額が戻ってきます。**

　その他、解約時には要件はありますが、退職所得扱いになるため、少ない税負担で退職金を受け取ることができます。

　勘違いしやすいのですが、**経営セーフティ共済と異なり、こちらは個人の所得控除となり、法人の経費になるものではない**ため注意してください。

⑤法人名義の保険に加入することで会社が保険料を払う

　個人で保険に加入した場合に、受けることができる節税方法としてあげられるのが生命保険料控除です。

　ただし、**生命保険料控除、介護医療保険料控除、個人年金保険料合わせても最高12万円までの所得控除**にしかなりません。

　また個人で加入した場合には、所得税や住民税、社会保険料の払い終わった手残りから保険料を支払わなくてはならないため、手取りはさらに減少することになります。

　それに対し、**法人で加入する場合には、会社が保険料を払うことになるため、個人の手取りを減らすことなく保険に加入することが可能**です。

⑥不動産所得が赤字の場合に借入金の利子を繰り越すことができる

　個人で保有している場合、購入初年度は赤字になるケースは少なくありません。

　その際に気をつけないといけないのが**土地等を取得するために要した借入金の利子**です。

　赤字のうち土地等を取得するために要した**借入金利子については損益通算をすることができません**。

　法人であればこの規定は適用されないため、赤字になったとしても**借入金の利子についてはすべて繰り越すことが可能**です。

⑦繰越欠損金を10年間繰り越すことができる

　繰越欠損金とは、**税金計算上、赤字になった場合にその赤字額を翌年度以降の利益と相殺することができる制度**です。

　赤字の場合、**個人では3年間の繰越し**となりますが、**法人の場合には10年間、その損金を繰り越すことが可能**です。

法人で取得した場合には、前もって納税した金額はないため、還付を受けることはない。
初年度のマイナスについては欠損金として翌年度以降の利益と相殺することになる。

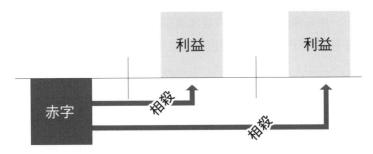

⑧法人には短期譲渡・長期譲渡の区分がない

　個人で不動産を保有している場合、気をつけないといけないのが**譲渡所得における保有期間**です。

　土地や建物を売ったときの譲渡所得については分離課税となり、給与所得などの他の所得とは分けて計算する必要があります。また保有期間によって課税される税率が異なります。

　保有期間が5年未満の短期譲渡所得に該当する場合には39%と高い税率が課税され、**5年超保有する長期譲渡所得の場合には20%**となります。

　それに対し、**法人については短期譲渡・長期譲渡という区分はないため、極端な話1年間だけ保有して、売却したとしても高い税率で課税されることはありません。**

⑨死亡退職金の非課税枠を活用できる

　相続人が受け取った死亡退職金は、生命保険金の非課税枠とは別に利用することが可能です。

図表3-9-16

死亡退職金の非課税枠の活用
500万円×法定相続人の数

また**死亡退職金とは別に弔慰金を支給することもできます。**

通常の場合は、**死亡当時の普通給与の半年分に相当する金額までは非課税**になります。

⑩決算月を任意に設定することができる

個人の場合には、その年の1月1日から12月31日までの所得を計算して翌年の3月15日までに確定申告をする必要があります。

それに対し**法人では決算月を任意で設定**することができます。

また決算月ですが、特に何月がおすすめというものはありません。

ただ一般的には3月決算と12月決算の会社が多く存在するため、12月から5月ごろにかけて顧問税理士が繁忙期で、あまり時間がとれないかもしれません。よってそれ以外の決算月にされることをおすすめします。

またその**決算月ですが、届出を行うことで簡単に変更**することができます。

⑪減価償却は任意で計算することができる

減価償却費の計上は、**個人の場合には強制償却**となり、赤字だったとしても償却しなければいけません。それに対し、**法人の場合には会社の判断で任意に償却することが可能**です。

⑫資本金を1,000万円以下に設定する

会社設立時に定める事項として資本金という項目があります。

1円から設立することができるのですが、資本金が1,000万円未満か、1,000万円を超えるのかによって、その取扱いが異なります。

資本金が1,000万円を超える場合には、初年度から消費税の課税事

業者となります。

また、均等割り負担が変わります。

「均等割り」とは、利益が出ていなくても納めなければいけない税金になります。

1,000万円を超えてしまうと、均等割り負担が大幅に増えてしまいすので注意しましょう。

図表3-9-17

資本金等の額	均等割額
1,000万円以下	**70,000円**
1,000万円超～1億円以下	**180,000円**
1億円超～10億円以下	290,000円
10億円超～50億円以下	950,000円

⑬役員社宅を活用できる

役員に対して社宅を賃貸しているような場合には、一定額の家賃を受け取っている場合には、給与として課税されません。

役員に貸与する社宅が小規模な住宅の場合は次の３つの合計額が賃貸料相当額になります。

・その年度の建物の固定資産税の課税標準額×0.2%
・12円×（その建物の総床面積/3.3平方メートル）
・その年度の敷地の固定資産税の課税標準額×0.22%

一般的に家賃の50%を役員負担としているケースが多く見受けられるのですが、**固定資産評価証明を取得して計算すると8割以上経費することも可能**です。

ただし、**住宅手当として支給する場合や、入居者が直接契約しているような場合では適用できない**のでご注意ください。

⑭不動産の売却損を他の賃料収入と相殺ができる

個人の場合には、不動産の譲渡損益は分離課税とされるため不動産の

売却益としか相殺することはできません。よって、譲渡損しか発生しない場合には切り捨てとなってしまいます（居住用不動産の場合は除く）。

それに対し、法人であれば不動産の譲渡損は他の収入と相殺することが可能です。

また売却益も同様で、個人の場合には分離課税で他に損失が出ていたとしても相殺することはできませんが、法人の場合には、他の損失と相殺することが可能です。

⑮出張手当を支給できる

新しい不動産を取得するための現地視察や、地方に不動産を保有している場合には、そのための旅費については出張旅費規程を定めることによって出張手当を支給することができます。

手当にはいろいろありますが、残業手当、住宅手当、家族手当については給与所得として課税されますが、例外として次のような手当については所得税が非課税になります。

```
1  通勤手当のうち、一定金額以下のもの
2  転勤や出張などのための旅費のうち、通常必要と認められるもの
3  宿直や日直の手当のうち、一定金額以下のもの
```

このうち2が出張手当と呼ばれるもので、出張旅費機規程に基づき支給をすれば出張旅費として支給することができます。

ただし、どんな出張旅費規程でも良いわけではなく、通常必要と認められる範囲内であれば非課税として認められるものになりますので注意してください。

⑯相続対策にもなる資産管理法人

平成27年の相続税基礎控除の改正によって、相続税の課税対象者が大幅に増え、最高税率も引き上げられました。

相続対策と資産管理法人は相性が良いといわれています。

くわしくは、第11章で説明します。

③ 資産管理法人のデメリット

　資産管理法人のメリットのお話をしてきましたがデメリットもあります。

①均等割り負担の発生

　個人だと利益が出ていなければ税金を納める必要はありません。しかし、**法人の場合には均等割り負担**があります。

②団体信用生命保険の債務免除益課税

　団体信用生命保険（団信）とは、融資を受けていた人が万が一のことでお亡くなりになったり、高度障害になった場合に、金融機関が残ったローンの支払いを免除してくれる制度ですが、**法人の場合には、残債相当額について債務免除益課税がされることになり、税負担が発生する可能性**があります。

図表3-9-18

法人の場合には、残債相当額が債務免除益になり課税される可能性がある。

③本店移転や役員変更の場合には登記手続が必要

　個人であれば転居した場合には、転居先の住所を所轄する税務署で確定申告をすれば大丈夫ですが、**法人の場合には、本店を移転した場合に**

は**本店移転の登記手続が必要**になります。

　登録免許税だけで６万円程度、司法書士に依頼した場合にはさらに手数料が発生するため、本店についてはご自宅かなるべく移転しないような住所で登録することが宜しいかと思います。

　また、**役員を変更した場合にも役員変更登記が必要**になります。

④簡単に清算できない

　設立は比較的容易にできますが、個人であれば廃業する場合には、廃業届出を提出すれば事業を廃止することができます。

　それに対し、**法人の場合には、金融機関等の債権者がいる場合には簡単に会社を清算することができない**ので注意が必要です。ただし最近では、Ｍ＆Ａによる方法も進化しているので、法人を売却することで清算することも可能になりました。

⑤税負担増加の可能性もある

　相続の発生が近い場合には、個人で取得するほうが有利です。

　法人で不動産取得後３年以内に相続が発生した場合には、通常の取引価額で評価することとされ、通常の固定資産税評価および路線価での評価ができないため、相続発生が近い場合には、法人で取得せず個人で取得したほうが良いと思います。

⑥元々の個人所得がそこまで高くない場合は税率が高くなることがある

　節税等を主にした所得対策で法人を設立する場合のメリットは前述のとおり税率差ですが、**個人の所得レベルがそこまで高くない人が法人化した場合には、個人より法人のほうが税率が高くなってしまう可能性**があります。

図表3-9-19

節税等を主にした所得対策で法人を設立する場合の一番のメリットはやはり税率差であるが、個人の所得レベルがそこまで高くない人が法人化した場合には、個人より法人のほうが税率が高くなる可能性もある。

課税所得金額		所得税・住民税 合算税率	控除額
超	以下		
―	1,950,000円	**15,105%**	**0円**
1,950,000円	3,300,000円	**20,210%**	**99,548円**
3,300,000円	6,950,000円	30.420%	436,478円
6,950,000円	9,000,000円	33.483%	649,356円
9,000,000円	18,000,000円	43.693%	1,568,256円
18,000,000円	40,000,000円	50.840%	2,854,716円
40,000,000円	―	55.945%	4,896,716円

 法人よりも税率が低い

⑦法人には、個人のような青色申告特別控除の特典はない

　個人の場合には、青色申告を行っていれば所得について10万円控除、事業的規模であれば65万円控除の適用を受けることができますが法人にはそのような制度はありません。

⑧社会保険料を負担しなければならない

　以前はそこまでうるさくなかったのですが、最近は会社を設立するとすぐに年金事務所から社会保険に加入してくださいと通知が来るようになりました。

　代表者1人の会社だとしても加入対象となります。

　そこで社会保険料の問題を**クリアする方法としては、代表者には役員報酬を払わずに非常勤役員に役員報酬を払うという方法**があります。

　非常勤役員であれば被保険者にはならないので社会保険の対象にはならずに役員報酬を支給することができます。

資産管理法人の設立

① 株式会社か合同会社か??

　会社の種類には、株式会社、合同会社、合名会社、合資会社、一般社団法人などがありますが、資産管理法人の場合には、一般的には**株式会社**か**合同会社**で設立するケースが多いです。

図表3-10-1

	株式会社	合同会社
設立登記費用	資本金×0.7% （15万円未満の場合には15万円）	資本金×0.7% （6万円未満の場合には、6万円）
定款認証	必要（手数料5万円）	不要
所有と経営	所有と経営を切り離すことが可能	原則一致
法人役員	不可能	可能
役員任期	原則2年（最長10年）	なし
必要な機関	株主総会と取締役	なし
定款変更	株主総会特別決議	原則は、社員すべての同意（定款で別段の定め可能）
利益分配	持株数に応じて分配	出資の額に関わらず自由に設計が可能
株式譲渡	株主総会等の定めた機関の承認が必要	他の社員の同意が必要

　株式会社と合同会社について税金計算上は差異はないのですが、細かい点で異なります。

　まず法人設立において株式会社は定款認証が必要となるため、設立コストが合同会社に比べて高くなります。

　設立コストですが、合同会社が約10万円前後、株式会社が25万円前後となります。

　維持コストはほとんど変わりませんが、株式会社の場合には役員の任期がありますので、役員改選を行う場合に登記費用がかかりますが、合

同会社は役員の任期がありませんので費用がかかりません。

　また所有と経営に関してですが、

　株式会社では株主と経営者を別々の人間とすることができますが、**合同会社では出資者と経営者が一体**となります。出資者＝役員になります。

　ですので、株主は子どもにしたいけど役員は本人が良いという場合には必然的に株式会社を選択することになります。

　一般的には、資産管理法人の場合には設立コストの安い**合同会社**がおすすめとされているのですが、個人的には資産管理法人を設立されるような人であれば将来相続対策が必要になってくるケースが多いので最初から**株式会社**を設立することをおすすめしています。

まとめ
　☑相続対策を考えるのであれば株式会社をおすすめします。

② 資産管理法人設立に際して

①出資者は誰がなる？？

　所得対策なのか相続対策なのか、設立目的によって異なります

　相続対策重視であれば**子ども**が出資することが望ましいです。

　所得対策重視であれば、**ご本人か配偶者**で良いと思います。

　ただし、たまに兄弟で仲良く50％ずつ保有させたいという相談を受けるのですが、これは避けるべきです。「兄弟は他人の始まり」などといわれていますが、兄弟間でもめた場合には会社がうまくいかなくなる可能性があります。

　よって、子どもを株主にする場合には、どちらか１人にすべきです。場合によっては、「一人につき一法人」という選択肢も考えましょう。

②代表者は誰がなるべき？？

　相続対策重視であれば基本的には**配偶者か子ども**が望ましいです。

　所得対策重視であれば**ご本人か配偶者**で良いでしょう。

③ 資産管理法人の形態について

資産管理法人で不動産を運用するにあたっては、管理料徴収方式、サブリース方式、不動産所有方式の3つの形態があります。

①管理料徴収方式

管理料徴収方式というのは、所有自体は個人のままで個人から管理料を徴収する方式になります。

管理料徴収方式が認められるには、**管理実態があること**が必要になります。

他に管理を任せている管理会社があり、管理実態がないにもかかわらず管理料のみを徴収するやり方は、税務署から認められない可能性が高いのであまりおすすめはしません。

②サブリース方式

続いてサブリース方式です。転貸方式とも呼ばれる方式になりますが、これも名義自体は**個人**になります。個人が所有物件を一括で資産管理法人に貸し付ける方式がサブリース方式になります。

サブリース方式の場合には、空室リスクを資産管理法人が負うことになるため、管理料徴収方式よりも所得を多く資産管理法人に移転させることが可能となります。

一般的にサブリース方式の場合には、満室想定賃料の80%〜85%で借り上げることが多いと思いますので、15%〜20%相当額が資産管理法人に残ることなります。

デメリットとしては、空室が続く場合には逆ザヤになる可能性があります。また毎月のように立替経費の精算等を行う必要があるため、実務的に煩雑になりやすい傾向があります。

③不動産所有方式

不動産所有方式では資産管理法人名義で不動産を所有しますので、家賃収入は100%法人のものになります。よって、資産管理法人の形態で**一番所得分散効果が高いのが不動産所有方式**になります。

この不動産所有方式を検討し、既に個人で保有している物件については、サブリース方式を採用することで所得分散を図る方法が良いかと思います。

まとめ

☑所得分散効果が一番高いのが不動産所有方式。既に個人で不動産を所有している場合には、サブリース方式により所得分散を図りましょう。

④ 資産管理法人設立までの流れ

①基本事項

　実際に法人を設立する場合には、事前に基本事項を決める必要があります。その基本事項のそれぞれについて説明していきます。

- **会社名（商号）**…株式会社であれば会社名の前か後に「株式会社」を入れる必要があります。同一住所で同じ商号を使うことはできません。また商号に使用できる文字は決まっていて「！」マークや「？」マークは商号に使うことはできません。

- **本店所在地**…会社の住所です。資産管理法人であれば自宅を本店所在地とするのが一般的です。

- **事業目的**…会社を設立する際に、具体的に会社で何を事業とするのか定める必要があります。将来の事業拡大を見据えて複数の事業目的を定めることは可能ですが、資産管理法人を設立して金融機関から融資を受けようとする場合には、「不動産の賃貸および管理」以外の事業目的を定めてしまうと、金融機関から資産管理法人としては認められず融資がNGとなってしまう可能性もありますので、資産管理法人の場合「不動産の賃貸および管理」のみを事業目的としたほうが良いかもしれません。

- **資本金**…資本金の金額は1円以上であれば構いません。ただし、資本金額を1,000万円以上に設定してしまうと、設立初年度から消費税の納税義務者に該当してきてしまうため、1,000万円未満としたほうが良いでしょう。

　また資産管理法人の場合、一般的には100万円から300万円の間で設立されることが多いようです。

　またよく「資本金としてしまったら、そのお金は使えないんですか？」と聞かれますが、そんなことはありません。その資本金を元手に不動産を購入したりすることが可能です。

- **1株あたりの金額および設立時に発行する株式数**…会社を設立する際

1株あたりの金額および設立時発行する株式数を定める必要がありますが、1株あたりの金額および発行済株式数については特に定めがないため、自由に設定することができます。

1株あたりの金額について、一般的には1株あたり1万円か、1株あたり5万円とされることが多いので、仮に資本金が300万円で1株あたりの金額が1万円であれば発行済株式数は300株、1株あたりの金額が5万円であれば発行済株式数は60株となります。

・ **発行可能株式総数**…発行可能株式総数とは株式会社が発行することのできる株式の総数のことでその会社が発行できる株式の上限となります。増資の際、発行可能株式総数を超えてしまう場合には、定款変更が必要となってしまうので、あらかじめ余裕を持って設定しておくと良いでしょう。

一般的には**発行済株式数の10倍**とすることが多いようです。

・ **決算期（事業年度）**…個人の場合には暦年で確定申告を行いますが、法人の場合には決算月を自由に設定することができます。

・ **公告方法**…会社の公告方法には次の3種類あります。どの方法を選択しても自由ですが、官報に公告すると定めるのが一般的です。

官報・日刊新聞紙・電子公告

・ **発起人**…発起人とは、会社を設立する人であり株主となる人のことをいいます。

・ **株式の譲渡制限**…株式の譲渡制限の定めを設けた場合、第三者に株式を譲渡する場合には取締役会または株主総会の承認を得る必要があります。資産管理法人の場合には、譲渡制限の定めを設けることが一般的です。

・ **取締役会の設置**…取締役会を設置する場合には、取締役が3名以上必要であり、監査役を置く必要があります。資産管理法人の場合には取締役会を設置しないことが一般的です。

・ **役員の任期**…株式会社の場合には、役員の任期を定める必要がありま

す。通常の場合は任期は2年なりますが、最長10年まで設定することができます。任意が満了した場合には、役員改選の手続が必要になります。役員改選の登記手続を怠ってしまうと、罰金が科される可能性がありますので注意しましょう。

・ **株券発行の有無**…現在の会社法では原則は不発行となっています。株券発行としてしまうと、株券を紛失してしまう可能性がありますし、株券の作成の費用もかかってしまいますので、一般的には株券は不発行するケースがほとんどです。

②必要書類

また会社設立時に、以下の書類が必要となります。

1 **発起人の印鑑証明書**（設立登記申請時現在で発行後3ヵ月以内のもの）
2 **取締役の印鑑証明書**（設立登記申請時現在で発行後3ヵ月以内のもの）
3 **発起人の身分証コピー**
4 **発起人実印**
5 **預金通帳コピー**（出資者個人の口座に出資金を入金した記録が必要）
6 **会社の実印**

③提出書類

法人設立時に税務署等へ提出する書類一覧です。

□税務署

・法人設立届出
・給与支払事務所の開始届出
・青色申告承認申請書
・源泉所得税の納期の特例に関する申請書
・消費税課税事業者選択届出書※必要な場合

・減価償却資産の償却方法の届出書※必要な場合

・棚卸資産の評価方法の届出書※必要な場合

□**都道府県税事務所および市町村**

　法人設立届出

　青色申告承認申請書については、設立後3ヶ以内または事業年度の末日までの早い日までに提出する必要がありますので注意しましょう。

④**青色申告のメリット**

　法人で青色申告を行うと以下のようなメリットを受けることができます。

・**欠損金の繰越控除**

　前述のとおり欠損金の繰越控除を10年間利用できるというものですが、青色申告をしている場合に適用できる制度となります。

　特に開業初年度は赤字になりやすいため忘れずに提出するようにしましょう。

・**欠損金の繰戻還付**

　上記のように赤字を繰り越して翌年度以降の黒字と相殺することができますが、すでに支払い済みの法人税の還付を受けることも可能です。

　前期が黒字で法人税を支払った年の次の事業年度で赤字になった場合には、前期に払った法人税を還付できる制度が利用できます。

・**少額減価償却資産の取得価額の損金算入**

　中小企業であれば30万円未満で購入した減価償却資産を一時の費用とすることできます。

　こちらも不動産の取得にあたってパソコンなどを取得した場合には全額を経費にすることができる制度です。

　年間合計300万円までの費用を一括して経費にすることができます。

・**特別償却や特別控除が受けられる**

　中小企業が一定の機械等を取得した場合には特別償却か税額控除を受けることができます。

❺ 個人からの借入金の返済方法

　法人を設立した当初は、法人にはお金がないので個人からお金を貸し付けるケースが多いと思います。法人へお金を貸したままでも税務的には問題はありませんが、問題となるのが、**相続が発生したケース**です。相続が発生した場合には、会社への貸付金が相続財産になってしまい、せっかく法人を設立した意味が半減してしまいます。

　オーナーが会社に対し、債権放棄を行うといった方法も考えられますが現実的には以下の2つの方法が考えられます。

①支給額を変えず役員報酬額を減額する

　支給額は同一のまま役員報酬を減額します。

```
仕訳例
役員報酬300,000円    ／現預金       291,580円
                      源泉所得税      8,420円


役員報酬150,000円    ／現預金       291,580円
役員借入金144,560円／源泉所得税      2,980円
```

　その結果、役員報酬額は減額されることになりますが、支給額を変えずに役員借入金を返済することができます。ただし、役員報酬を減額した分だけ法人の所得が増えますので注意が必要です。

②貸付金を子どもに贈与する

　一番効果が高いのがこの方法だと思います。毎年のように貸付金（金銭債権）を贈与することによって、オーナーからの借入金を削減します。

　平成27年分以降の贈与については、「祖父母または父母などの直系尊属から、贈与を受けた年の1月1日において20歳以上の子または孫への贈与」については、特例税率が適用されます。

贈与税の速算表

　平成27年以降の贈与税の税率は、次のとおり「一般贈与財産」と「特例贈与財産」に区分されました。

【一般贈与財産用】（一般税率）

　この速算表は、「特例贈与財産用」に該当しない場合の贈与税の計算に使用します。

　たとえば、兄弟間の贈与、夫婦間の贈与、親から子への贈与で子が未成年者の場合などに使用します。

図表3-10-3

基礎控除後の課税価格	200万円以下	300万円以下	400万円以下	600万円以下	1,000万円以下	1,500万円以下	3,000万円以下	3,000万円超
税　率	10%	15%	20%	30%	40%	45%	50%	55%
控除額	-	10万円	25万円	65万円	125万円	175万円	250万円	400万円

【特例贈与財産用】（特例税率）

　この速算表は、直系尊属（祖父母や父母など）から、その年の1月1日において20歳以上の者（子・孫など）※への贈与税の計算に使用します。

　2,000万円の役員借入金がある場合、毎年10年間200万円ずつ債権贈与を行うことによって10年間でオーナーからの借入金を解消することが可能となります。

　また、年間200万円の贈与であれば200万円から110万円を差し引いた金額に税率が適用されるため贈与税は90,000円になります。実効税率は4.5％となり将来、高い相続税が課税される可能性がある人であれば、債権贈与を行い低い贈与税を払うことで将来の相続税を減少させることができます。

6 資産管理法人を使った投資実例

図表3-10-4 前提条件

諸費用700万円	E（自己資金）1,700万円
物件金額 10,000万円（購入総コスト 10,700万円）	借入金額 9,000万円（LTV90%）銀行:某O銀行 金利:1.975% 期間:30年
FCR=4.81% NOI=515万円	K%=4.42% ADS=397.8万円

　全く同じ物件だとしても税率が異なるだけで、数字が大幅に異なります。

　すでに所得が高く税率が50％の人が個人で物件を購入したケースです（**図表3-10-5**参照）。

　購入初年度は諸経費などがかさみますので、初年度の不動産所得は▲700万円になります。購入初年度は他に所得があれば所得税が還付されますが、翌年度からは利益が発生し、年間利益が100万円以上出たとしても半分は税金で持っていかれてしまいます。

　17年目あたりから借入金の元本返済割合が増えてくるため、その結果、借入返済と税負担が増加することによりキャッシュフローはマイナスになってしまいます。

　さらに22年目には減価償却が終了することにより、さらに税負担が増加し、一段とキャッシュフローはマイナスになっています。

　28年目にはトータルでのキャッシュフローもマイナスになり、**何のための投資かよくわからない状態**になってしまいました。

　それに対し、全く同じ物件でも法人で取得した場合はどうでしょうか（**図表3-10-6**参照）。

法人の場合には、初年度の還付はない代わりに繰越欠損金が使えるため翌年度以降の利益と相殺されるため6年目までの税負担は均等割りのみになります。

　個人の場合には17年目あたりからキャッシュフローはマイナスになってしまいましたが、法人の場合には多少きつくはなるもののキャッシュフローはプラスを維持しています。

　減価償却が終わると、税負担の増加によりキャッシュはマイナスになりますが、今までのキャッシュの累積があるので多少のマイナスも問題にはなりません。

　これは極端な例かもしれませんが、**良い物件を購入したとしても高い税率が課税されてしまっては、投資は成功しない**のです。

　すでに高い所得税が課税されている人や、将来給料が増え税率が高くなる可能性がある人は、**最初から資産管理法人で運用**すべきだと思います。

図表3-10-5

個人所得＆税率50%のケース

他に所得があれば所得税が還付されるが、翌年からは利益が発生

損益計算書

	建設事業完了時	初年度	第2年度	第3年度	第4年度	第5年度	第6年度	第7年度	第8年度	第9年度	第10年度
収益の部 賃貸料		6,650	6,650	6,583	6,663	6,517	6,517	6,451	6,451	6,386	6,386
共益費収入等											
礼金収入等											
合計		6,650	6,650	6,583	6,663	6,517	6,517	6,451	6,451	6,386	6,386
費用の部 支払利息(1)		1,757	1,713	1,658	1,622	1,576	1,527	1,478	1,428	1,377	1,325
支払利息(2)											
減価償却費		2,273	2,273	2,273	2,273	2,273	2,273	2,273	2,273	2,273	2,273
地代家賃											
保険料											
租税公課	1,000										
その他の諸経費	6,000	1,500	1,500	1,500	1,500	1,500	1,500	1,500	1,500	1,500	1,500
給　与											
合　計	7,000	5,530	5,486	5,641	5,395	5,348	5,300	5,251	5,201	5,150	5,098
税引前当期利益	-7,000	1,323	1,164	1,142	1,138	1,169	1,217	1,200	1,250	1,235	1,288
前期繰越損失		-7,000									
課税対象利益	-7,000	-5,883	1,164	1,142	1,188	1,169	1,217	1,200	1,250	1,283	1,283
所得税及び住民税			583	571	694	584	608	600	623	618	544
未処分利益	-7,000	-5,880	-5,298	-4,727	-4,138	-3,548	-2,939	-2,339	-1,714	-1,098	-452

資金収支計算書

	建設事業完了時	初年度	第2年度	第3年度	第4年度	第5年度	第6年度	第7年度	第8年度	第9年度	第10年度
前期繰越残高			1,173	2,345	2,668	3,402	3,347	4,302	4,667	5,041	6,325
収入の部 賃貸料		6,650	6,650	6,683	6,583	6,517	6,517	6,451	6,451	6,386	6,386
共益費収入等											
保証金収入											
自己資本	17,000										
借入金収入	90,000										
合　計	107,000	6,650	6,650	6,583	6,598	6,517	6,517	6,451	6,451	6,386	6,386
支出の部 支払利息(1)		1,757	1,713	1,658	1,622	1,576	1,527	1,478	1,428	1,377	1,325
〃 (2)											
地代家賃											
保険料											
租税公課	1,000										
その他の諸経費	6,069	1,500	1,500	1,500	1,500	1,500	1,500	1,500	1,500	1,500	1,500
所得税等				582	571	594	584	608	600	625	518
給　与											
借入金返済(1)		2,220	2,265	2,310	2,356	2,403	2,451	2,500	2,549	2,500	2,552
〃 (2)											
保証金払戻し											
土地・建設費	100,000										
合　計	107,000	5,477	5,478	6,060	6,049	6,072	6,062	6,086	6,077	6,102	6,095
当年度過不足		1,173	1,172	523	534	445	455	365	374	284	291
差引過不足		1,178	2,345	2,868	3,402	3,874	4,302	4,667	6,041	6,325	6,616
借入金残高	90,000	87,779	85,513	83,203	80,847	78,443	75,992	73,492	70,942	68,341	55,585

法人活用編

第10章　資産管理法人の設立

損益計算書

	第11年表	第12年表	第13年表	第14年表	第15年表	第16年表	第17年表	第18年表	第19年表	第20年表	第21年表	第22年表
賃貸料	6,322	6,322	6,268	6,268	6,195	6,195	6,138	6,138	6,071	6,071	6,010	6,010
共益費収入等												
礼金収入等												
合計	6,322	6,322	6,268	6,268	6,1959	6,195	6,138	6,138	6,071	6,071	6,010	6,010
支払利息 (1)	1,272	1,319	1,164	1,107	1,060	992	923	872	810	747	652	517
支払利息 (2)											2,273	2,273
減価償却費	2,273	2,373	2,273	2,273	2,273	2,273	2,273	2,273	2,273	2,273		
地代家賃												
保険料												
租税公課											1,500	1,500
その他の諸経費	1,500	1,500	1,500	1,500	1,500	1,500	1,500	1,500	1,500	1,500		
給与												
合計	5,045	4,992	4,937	4,880	4,823	4,765	4,705	4,645	4,533	4,520	4,455	4,390
税引前当期利益	1,277	1,380	1,321	1,378	1,372	1,430	1,428	1,488	1,488	1,551	1,535	1,623
前期繰越損失												
課税対象利益	1,277	1,380	1,321	1,378	1,372	1,430	1,428	1,488	1,488	1,551	1,555	1,620
所得税及び住民税	638	655	660	689	686	715	714	744	744	775	777	810
未処分利益	187	852	1,513	2,202	2,883	3,603	4,317	8,081	8,805	6,581	7,839	8,169

資金収入支出試算書

	第11年表	第12年表	第13年表	第14年表	第15年表	第16年表	第17年表	第18年表	第19年表	第20年表	第21年表	第22年表
前期繰越残高	6,616	5,817	5,023	6,138	6,259	6,288	6,320	6,2281	6,202	6,051	5,900	5,658
賃貸料	6,328	6,322	5,258	6,258	6,195	6,195	6,133	6,133	6,071	6,071	6,010	6,010
共益費収入等												
保証金収入												
自己資本												
借入金収入												
合計	6,322	6,322	6,258	5,258	6,195	6,195	6,133	6,133	6,071	6,071	6,010	8,010
支払利息 (1)	1,272	1,219	1,164	1,107	1,050	992	932	872	818	747	682	517
〃 (2)												
地代家賃												
保険料												
租税公課											1,500	1,500
その他の諸経費	1,500	1,500	1,500	1,500	1,500	1,500	1,500	1,500	1,500	1,500	773	777
所得税等	644	638	655	660	689	686	715	714	744	744		
給与												
借入金返済 (1)	2,705	2,759	2,814	2,870	2,927	2,985	3,065	3,106	3,168	3,231	3,295	3,361
〃 (2)												
保証金払戻し												
土地・建設費												
合計	6,121	6,216	6,143	6,137	6,166	6,163	6,192	6,19	6,222	6,222	6,252	5,255
当年度過不足	201	206	115	121	29	32	-59	-69	-151	-151	-242	-245
差引過不足	5,817	6,023	6,138	6,259	6,288	6,320	6,261	6,202	6,051	5,900	5,658	5,413
借入金残高	52,983	60,224	67,410	4,539	51,612	45,626	45,580	42,474	39,306	36,075	21,719	29,418

17年目あたりから借入金の元本返済の割合が増えてくる（ADS397万円のうち300万円が元本相当額）。

その結果、借入返済と税負担増加によりキャッシュフローがマイナスに転落

250

さらに 22 年度には減価償却が終了する
ことにより、さらに税負担が増額

(単位:千円)

第23年表	第24年表	第25年表	第26年表	第27年表	第28年表	第29年表	第30年表	第31年度	第32年度	第35年度	第34年度	第35年度
5,949	5,949	5,889	5,889	5,830	5,830	5,771	5,771	5,713	5,713	5,655	5,653	6,598
5,949	5,949	5,889	5,889	5,830	5,830	5,771	5,771	5,713	5,713	5,656	5,663	5,598
550	481	412	340	258	194	119	42					
1,500	1,500	1,500	1,500	1,500	1,500	1,500	1,500	1,500	1,500	1,500	1,500	1,500
								1,500	1,500	1,500	1,500	1,500
2,050	1,981	1,912	1,840	1,768	1,694	1,619	1,542	4,213	4,213	4,155	4,165	4,098
3,899	3,958	3,077	4,049	4,062	4,136	4,162	4,229					
3,899	3,963	3,977	4,049	4,062	4,135	4,152	4,229	4,213	4,213	4,155	4,155	4,098
1,949	1,984	1,988	2,024	2,031	2,068	2,076	2,114	2,106	2,106	2,077	2,077	2,049
10,119	12,103	14,092	16,127	18,148	20,216	22,292	24,407	26,524	28,621	30,699	32,777	34,326

(単位:千円)

第23年表	第24年表	第25年表	第26年表	第27年表	第28年表	第29年表	第30年表	第31年度	第32年度	第35年度	第34年度	第35年度
5,413	5,074	3,597	2,024	448	-1,223	-2,901	-4,675	-6,459	-4,360	-2,253	-204	1,874
5,949	5,949	5,889	6,889	5,830	5,830	5,771	5,713	5,655	5,655	5,598		
5,949	5,949	5,889	5,889	5,830	5,830	5,771	5,771	5,713	5,713	5,655	5,655	5,598
550	481	412	340	258	194	119	42					
1,500	1,500	1,500	1,500	1,500	1,500	1,500	1,500					
810	1,949	1,984	1,988	2,024	2,081	2,068	2,076	1,500	1,500	1,500	1,500	1,500
								2,114	2,106	2,106	2,077	2,077
3,428	3,496	3,566	3,537	3,709	3,783	3,869	3,936					
5,258	7,426	7,462	7,463	7,501	7,508	7,546	7,554					
-339	-1,477	-1,573	-1,576	-1,671	-1,678	-1,775	-1,783	3,614	3,606	3,606	3,577	3,577
5,074	3,597	2,024	448	-1,223	-2,901	-4,675	-6,452	2,099	-2,107	2,049	2,078	2,021
25,989	22,493	18,826	15,289	11,579	7,795	3,935		-4,360	-2,253	-204	1,874	3,893

さらに納税がふえることにより
一段とマイナスが増加

28年目についに
トータルでのキャッシュフロー
もマイナスに転落

法人活用編

第10章 資産管理法人の設立

251

法人所得&税率25%のケース

初年度還付にならない代わりに欠損金として翌期以降の利益と相殺

その間の税負担は均等割りのみ

損益計算書

	建設事業完了時	初年度	第2年度	第3年度	第4年度	第5年度	第6年度	第7年度	第8年度	第9年度	第10年度
収益の部 賃貸料		6,650	6,650	6,583	6,583	6,517	6,517	6,451	6,451	6,386	6,386
共益費収入等											
礼金収入等											
合計		6,650	6,650	6,583	6,583	6,517	6,517	6,451	6,451	6,386	6,386
費用の部 支払利息(1)		1,757	1,713	1,658	1,622	1,575	1,527	1,478	1,428	1,377	1,323
支払利息(2)											
減価償却費		2,273	2,273	2,273	2,273	2,273	2,273	2,273	2,273	2,273	2,273
地代家賃											
保険料											
租税公課	1,000										
その他の諸経費	8,000	1,500	1,500	1,500	1,500	1,500	1,500	1,500	1,500	1,500	1,500
給与											
合計	7,000	5,530	5,486	5,441	5,395	5,378	5,300	5,251	5,201	5,150	5,098
税引前当期利益	-7,000	1,120	1,164	1,142	1,188	1,169	1,217	1,200	1,250	1,236	1,288
前期繰越損失		-7,000	-5,880	-4,715	-3,574	-2,386	-1,217				
課税対象利益	-7,000	-5,880	-4,716	-3,574	-2,388	-1,217		1,200	1,250	1,256	1,288
法人税等充当税								300	312	309	322
未処分利益	-7,000	-5,500	-4,500	-3,500	-2,500	-1,217		900	1,838	2,765	3,731

資金収支計算書

	建設事業完了時	初年度	第2年度	第3年度	第4年度	第5年度	第6年度	第7年度	第8年度	第9年度	第10年度
前期繰越残高			1,173	2,345	3,450	4,355	5,594	6,683	7,603	8,280	8,877
収入の部 賃貸料		6,650	5,650	6,688	6,383	5,527	6,517	6,451	5,461	6,685	6,386
共益費収入等											
保証金収入											
自己資本	17,000										
借入金収入	90,000										
合計	107,000	5,650	6,650	6,583	6,583	6,517	6,517	6,451	6,451	6,386	6,386
支出の部 支払利息(1)		1,757	1,713	1,668	1,622	1,575	1,527	1,478	1,428	1,377	1,325
〃 (2)											
地代家賃											
保険料											
租税公課	1,000										
その他の諸経費	6,000	1,500	1,500	1,500	1,500	1,500	1,500	1,500	1,500	1,500	1,500
法人税等									300	312	309
給与											
借入金返済(1)		2,220	2,265	2,310	2,356	2,403	2,451	2,500	2,549	12,500	2,552
〃 (2)											
保証金払戻し											
土地・建設費	100,000										
合計	107,00	5,477	5,478	5,478	6,478	5,478	5,478	5,478	6,777	6,789	6,786
当年度過不足		1,178	1,172	1,105	1,105	1,039	1,039	973	674	597	600
差引過不足		1,173	2,345	3,450	4,559	5,594	6,633	7,606	8,289	8,877	9,477
借入金残高	90,000	87,779	85,513	83,203	80,847	78,443	75,992	73,492	70,942	68,341	65,689

第11年表	第12年表	第13年表	第14年表	第15年表	第16年表	第17年表	第18年表	第19年表	第20年表
5,322	6,322	6,258	6,258	6,195	6,195	6,133	6,133	6,071	6,071
6,322	6,322	6,3582	6,258	6,195	6,195	6,133	6,133	6,071	6,071
1,272	1,219	1,164	1,107	1,050	992	932	872	810	747
2,273	2,273	2,273	2,273	2,273	2,273	2,278	2,273	2,273	2,273
1,500	1,500	1,500	1,500	1,500	1,500	1,500	1,500	1,500	1,500
5,043	6,992	4,937	4,680	4,823	4,755	4,705	4,645	4,583	4,520
1,877	1,330	1,321	1,378	1,372	1,430	1,428	1,488	1,488	1,551
1,877	1,330	1,321	1,378	1,372	1,430	1,428	1,488	1,488	1,551
319	332	330	344	348	357	357	372	372	387
4,689	6,687	6,678	7,712	8,742	9,814	10,885	12,001	13,117	14,281

第11年表	第12年表	第13年表	第14年表	第15年表	第16年表	第17年表	第18年表	第19年表	第20年表
9,477	10,000	10,525	10,973	11,424	11,798	12,173	12,472	12,778	12,991
6,322	6,322	6,258	6,258	5,195	5,195	6,133	6,133	6,071	6,071
6,322	6,322	5,258	5,258	5,195	6,195	6,133	6,133	6,071	6,071
1,272	1,219	1,164	1,107	1,050	992	932	872	810	747
1,500	1,500	1,500	1,500	1,500	1,500	1,500	1,500	1,500	1,500
322	319	332	330	344	843	357	357	372	372
2,705	2,759	2,814	2,870	2,927	2,983	3,045	3,105	3,263	3,231
5,799	5,797	5,810	5,807	5,321	6,823	6,834	6,835	6,850	6,850
623	625	448	451	374	375	299	298	221	221
10,000	10,525	10,973	11,424	11,798	12,173	12,472	12,770	12,991	13,212
62,983	60,224	57,410	54,589	52,612	48,626	45,580	42,474	39,305	36,075

多少キャッシュフローはきつくなるが、
プラスを維持

法人活用編

第10章 資産管理法人の設立

	第21年表	第22年表	第23年表	第24年表	第25年表	第26年表	第27年表	第28年表	第29年表	第30年表
賃貸料	6,010	6,010	5,949	5,949	5,889	5,889	5,830	5,830	5,771	5,771
共益費収入等										
礼金収入等										
合計	6,010	6,010	5,949	5,949	5,889	5,889	5,830	5,830	5,771	5,771
支払利息(1)	682	617	550	481	412	340	268	194	119	42
支払利息(2)	2,273	2,273								
減価償却費										
地代家賃										
保険料										
租税公課	1,500	1,500	1,500	1,500	1,500	1,500	1,500	1,500	1,500	1,500
その他の諸経費										
給与	4,455	4,350	2,050	1,981	1,912	1,840	1,768	1,694	1,619	1,542
合計	1,555	1,620	3,839	3,958	3,977	4,049	4,068	4,135	4,158	4,229
税引前当期利益										
前期繰越損失										
課税対象利益	1,656	1,620	3,839	3,968	3,977	4,049	4,062	4,136	4,158	4,229
法人税等充当額	368	405	974	992	994	1,012	1,015	-1,034	1,038	1,037
未処分利益	15,656	16,653	19,388	32,564	25,547	28,584	31,631	34,733	37,847	41,019

	第21年表	第22年表	第23年表	第24年表	第25年表	第26年表	第27年表	第28年表	第29年表	第30年表
前期繰越残高	13,202	13,358	13,502	13,568	13,066	12,435	11,568	11,244	10,582	9,841
賃貸料	6,010	6,010	5,949	5,949	5,885	5,889	5,830	5,83	5,771	5,771
保証金収入等										
共益費収入等										
自己資本										
借入金収入										
合計	6,010	6,010	5,949	5,949	5,889	5,889	5,83	5,830	5,771	5,771
支払利息(1)	652	617	550	481	412	340	268	194	119	42
〃(2)										
地代家賃										
保険料										
租税公課										
その他の諸経費	1,500	1,500	1,500	1,500	1,500	1,500	1,500	1,500	1,500	1,500
法人税等	387	388	405	974	992	994	1,012	1,015	1,034	1,038
給与										
借入金返済(1)	3,295	3,361	3,428	3,495	3,565	3,637	3,709	3,783	3,859	3,986
〃(2)										
保証金払戻し										
土地・建設費										
合計	5,864	5,865	6,883	6,451	6,470	6,4711	6,489	6,432	6,512	6,516
当年度過不足	146	144	66	-502	-681	-582	-589	-662	-741	-745
差引過不足	13,358	23,502	13,568	13,066	12,486	11,903	11,244	10,582	9,841	9,096
借入金残高	32,779	29,418	25,989	22,493	18,926	15,289	11,579	7,795	3,936	

さすがに減価償却が終わると
税負担の増加によりキャッシュはマイナス

（単位：千円）

	第31年度	第32年度	第33年度	第34年度	第35年度
	5,713	5,713	5,635	5,655	5,598
	5,713	5,713	5,655	5,655	5,598
	1,500	1,500	1,500	1,500	1,500
	1,500	1,500	1,500	1,500	1,500
	4,213	4,213	4,155	4,155	4,098
	4,213	4,213	4,155	4,155	4,098
	1,053	1,053	1,038	1,038	1,024
	44,179	47,329	50,456	53,573	56,647

（単位：千円）

	第31年度	第32年度	第33年度	第34年度	第35年度
	9,095	2,252	15,412	18,514	21,331
	6,713	6,713	5656	5,655	5,598
	5,713	5,713	5,655	5,655	5,598
	1,500	1,500	1,500	1,500	1,500
	1,057	1,053	1,053	1,038	1,038
	2,557	2,558	2,553	2,538	2,538
	3,156	3,160	3,102	3,117	3,060
	12,252	15,412	18,514	21,631	24,591

今までの累積があるので、
多少のマイナスも問題はない。

30年目以降は借入返済も
終わるためキャッシュは
増え続ける。

相続対策としての資産管理法人の活用
——相続対策は、圧倒的に法人のほうがやりやすい

① 相続税の評価

(1) 相続税改正のおさらい

　平成27年に相続税の基礎控除の改正がなされ、改正前は、5,000万円＋1,000万円×法定相続人の数まで非課税だったものが6割に縮小され、改正後は3,000万円＋600万円×法定相続人の数になりました。

図表3-11-1

平成27年相続税の基礎控除の改正

改正前
5,000万円＋1,000万円×法定相続人の数

改正後
3,000万円＋600万円×法定相続人の数

相続人数	改正前	改正後
1人	6,000万円	3,600万円
2人	7,000万円	4,200万円
3人	8,000万円	4,800万円
4人	9,000万円	5,400万円

　また最高税率も改正前の50%から55%に引き上げられました。

図表3-11-2

相続税改正の内容

各法定相続人の取得金額		改正前税率	改正後税率
—	1,000万円以下	10%	10%
1,000万円超	3,000万円以下	15%	15%
3,000万円超	5,000万円以下	20%	20%
5,000万円超	1億円以下	30%	30%
1億円超	2億円以下	40%	40%
2億円超	3億円以下		**45%**
3億円超	6億円以下	50%	50%
6億円超	—		**55%**

　相続税が課税される割合も税制改正前は4％台で推移していたものが8％台まで課税対象者が増えたことになります。

図表3-11-3

平成30年分相続税申告状況

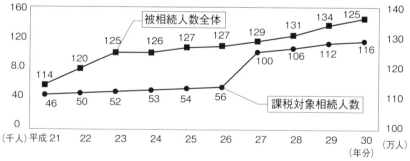

被相続人数の推移

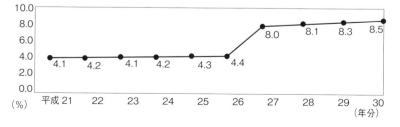

課税割合の推移

平成30年分相続税申告状況
東京23区の場合

NO	地域	死亡者数	相続税課税対象者	課税割合
1	千代田区	401	158	**39.4%**
2	中央区	911	231	25.4%
3	港区	1,588	496	**31.2%**
4	品川区	3,165	562	17.8%
5	新宿区	2,662	615	23.1%
6	文京区	1,640	443	27.0%
7	台東区	1,918	309	16.1%
8	墨田区	2,481	281	11.3%
9	江東区	4,093	441	10.8%
10	目黒区	2,023	603	29.8%
11	大田区	6,467	1,072	16.6%
12	世田谷区	6,837	2,003	29.3%
13	渋谷区	1,598	499	**31.2%**
14	中野区	2,737	547	20.0%
15	杉並区	4,518	1,241	27.5%
16	豊島区	2,455	473	19.3%
17	北区	3,763	490	13.0%
18	荒川区	2,097	257	12.3%
19	板橋区	5,000	643	12.9%
20	練馬区	6,134	1,149	18.7%
21	足立区	7,093	656	9.2%
22	葛飾区	4,577	431	9.4%
23	江戸川区	5,933	597	10.1%
	23区合計	80,091	14,197	**17.7%**

　東京23区であれば17.2%の人が課税対象となり、特に千代田区、港区、渋谷区の場合には3割以上の人が相続税の課税対象となっています。

(2) 相続税の計算上での不動産の評価

　財産には、不動産の他に有価証券、預金などありますが、相続税の計算においては、不動産ほど有利な資産はありません。

　そもそも相続が発生したときに、評価はどうなるのでしょうか。

図表3-11-4

相続税の対象となる金額は？

財産の種類	時価	相続税評価額
預金貯金	1億円	1億円
借入金	1億円	1億円
土地	1億円	約6,000万円〜8,000万円
建物	1億円	約5,000万円〜6,000万円

相続税評価は時価の
およそ6割〜8割ほど
になる

時価と相続税
評価は異なる

　図表3-11-4のように、**現金1億円**を所有しているときに、**相続税評価額は1億円**になります。

　借入金も同様で、借入金の残高が1億円であれば、相続税評価額は1億円になります。

　それでは、土地、建物を各1億円で購入した場合は、その相続税評価額は、各1億円かというとそうではありません。

（3）土地の相続税評価額はいくらか

　相続が発生したとき、**土地の相続税評価は、時価の約8割**で評価するといわれています。ですから、1億円で土地を買った場合、相続税評価は、約6,000万円から8,000万円になることが多いのです。

（4）建物の相続税評価額はいくらか

　建物の場合は、**固定資産税評価額で評価**することになりますので、一般的には**時価の7割**ぐらいで評価されることが多いです。

　ですから、**財産は、現金より、不動産としておくことが、相続税対策のひとつのポイント**になります。

　不動産については、**実際に売買される金額と相続税評価額は、大きく異なってくる**ということです。

法人活用編

第11章　相続対策としての資産管理法人の活用

(5) 実際の土地の評価はどのように行われているか

相続税の土地の評価方法は大きく2種類あります。

図表3-11-5

```
┌─▶ 路線価方式      路線価×地積
└─▶ 倍率方式       固定資産税評価額×倍率
```

路線価方式とは、毎年7月ごろ国税庁が発表する「路線価」という指標を用いて評価する方式で、市街地にある土地等に使われています。

路線価は公示価格の約8割に設定されるといわれています。

その路線価に面積を掛けることで大まかな評価額がわかってきます。実際には、補正計算を行ったりしますが、概算評価であれば、**路線価×面積で大体の評価額**を算出することができます。

また最近では、「**全国地価マップ**」というサイトがありますので、住所を入力すれば、路線価等がすぐにわかりますので、参考にしてください。

図表3-11-6

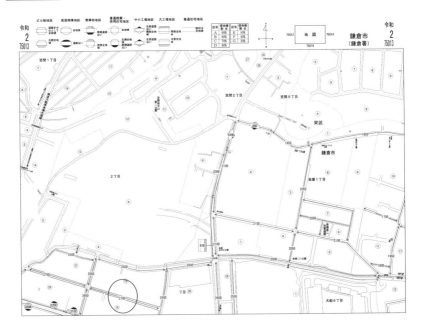

　路線価は、1㎡当たりの価額を千円単位で表示しています。

　たとえば「270D」が付されている土地（100㎡）の価格を調べたいときは、270,000円×100㎡＝27,000,000円と求めることができます。

　また末尾の「D」とは借地権の割合で借地権割合が60％であることを示しています。

　倍率方式とは、固定資産税評価額に一定の倍率を乗じて評価する方式で、地方の郊外の住宅地や農地等に使われています。

図表3-11-7

令和 2年分　　　倍　率　表　　　　　　　　　1頁

市区町村名：稲城市　　　　　　　　　　　　　　　　　　　日野税務署

音順	町（丁目）又は大字名	適　用　地　域　名	借地権割合	固定資産税評価額に乗ずる倍率等						
				宅地	田	畑	山林	原野	牧場	池沼
			％	個別	個別	個別	個別	個別		
お	大　丸	稲城南多摩駅周辺土地区画整理事業区域の一部		個別	個別	個別	個別	個別		
		上記以外の地域	－	路線	比準	比準	比準	比準		
	押　立	全域	－	路線	比準	比準	比準	比準		
こ	向陽台1～6丁目	全域	－	路線	比準	比準	比準	比準		
さ	坂　浜	市街化調整区域	50	1.2	中 36	中 34	中 105	中 105		
		市街化区域								

（6）建物の評価はどうなされるのか

　これは**固定資産税の納税通知書に記載されている固定資産税評価額**から求めることができます。

　固定資産税評価額は、毎年送付されてくる固定資産税納税通知書に記載されているものを使います。

　たとえば固定資産税評価額が5,000,000円でその地域の倍率が1.2倍であれば、その土地の評価額は6,000,000円となります。

図表3-11-8

登記簿上の所在（登記されていない家屋の場合は、家屋補充課税台帳に登録された所在）であり、住居表示と一致するとは限りません。

「現況床面積」で課税されています。

家屋の所在	種類・用途	構造	地上	登記床面積 ㎡	価格　　　円
	建築年次	屋根	地下	現況床面積 ㎡	
○○町二丁目1番地1 ▼	居宅	木造	2	100.00	6,000,000
	平20年	瓦葺	0	100.00	

軽減帳簿を差し引いた税額を表示しています。			

固定課税標準額 円	固定資産税（相当）額 円	減額税額（固） 円	摘　要
都計課税標準額 円	都市計画税（相当）額 円	減免税額（固・都） 円	
6,000,000	84,000		
6,000,000	18,000		

　毎年6月ごろ送られてくるその納税通知書に課税明細書が添付されて、そこに**「価格」という欄に記入されている額**が相続税評価額になります。

　また自己利用の建物場合には、固定資産税評価額がそのまま相続税評価額になりますが、賃貸建物の場合には、後述のとおり、さらに評価を減額することが可能です。

(7) 貸家の評価はどうなされるのか

　家を買った時点で、相続税評価額は買ったときの価額（時価）に比べて下がることは、今まで述べてきたとおりです。

　そして、**それを賃貸に出すことによりさらに評価を下げる**ことができます。

　図表3-11-9のような算式になります。この**借家権割合は一律30%**ですので、**実質70%の評価額**で済みます。

`図表3-11-9`

貸家の評価

> 固定資産税評価額×（1－借家権割合×賃貸割合）
>
> ※借家権割合は一律30%
>
> おおよそ建物建築時の**40%程度**に相続税評価額が減額されます。

現金1億円

相続税評価額は、
約6,000万円×（1－30%×100%）
＝**約4,200万円**

　たとえば、**現金1億円を元手に**して、
アパートを建てると、

6,000万円程度の固定資産評価になり、

さらにそれを**賃貸に出せば**、

それの70%ということで**4,200万円まで相続税評価を圧縮**することができます。

つまり、**当初の40%程度まで評価を圧縮**することができます。

（8）貸家建付地の評価はどうなされるのか

次は、**敷地の評価**です。アパートの敷地をイメージしてください。

専門用語で、自分が**経営しているアパートなどの敷地のことを「貸家建付地」**といいます。

この場合も評価は下がります。

その評価は、**更地より2割程度下がり**ます。つまり、更地評価額の8割程度に相続税評価額が減額されます。

図表3-11-10

貸家建付地の評価

自用地としての価額×（1－借地権割合×借家権割合×賃貸割合）
※借家権割合は一律30%
※借地権割合は住宅地60%〜70%、商業地80%〜90%
⇒おおよそ更地評価の**80%程度**に相続税評価額が減額されます。

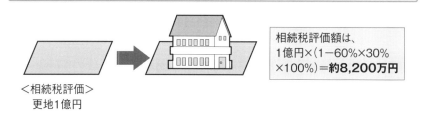

相続税評価額は、
1億円×（1－60%×30%
×100%）＝**約8,200万円**

＜相続税評価＞
更地1億円

先ほどからの例によれば、**土地建物合わせて2億円のものが、1億円ちょっとまで評価額を引き下げることができる**ので、ほぼ半分近くまで財産評価を圧縮することができました。

これが不動産投資は、相続税対策になるといわれる所以です。

空室で相続税アップの可能性も！
空室対策は相続税にも影響する。

気をつけないといけないポイントがあります。
　先ほど貸家の評価方法と貸家建付地の評価方法を説明しました。ともに**賃貸割合**というものがでてきました。
　これは、**原則として、空室の部分については、貸家の評価減をとることができません。**

図表3-11-11

$$\text{賃貸割合} = \frac{\text{Aのうち課税時期において賃貸されている各独立部分の床面積の合計（B）}}{\text{その貸家の各独立部分の床面積の合計（A）}}$$

「継続的に賃貸されてきたもので、課税時期において、一時的に賃貸されていなかったと認められる」部分の範囲

①各独立部分が課税時期前に**継続的に賃貸**されてきたものかどうか。
②賃貸人の退去後、**速やかに新たな賃借人の募集が行われたか**どうか。
③空室の期間、**他の用途に供されていないか**どうか。
④空室の期間が**課税時期の前後のたとえば1ヶ月程度であるなど一時的な期間であったか**どうか。
⑤**課税時期後の賃貸が一時的なものではないか**どうか。

　仮に、アパート8室中4室が空室の場合、
　賃貸割合（図参照）は50％になりますから、
　50％の部分しか評価減をとることができません。
　ただ、**相続開始のタイミングで運悪く空室**になってしまったという場合は、今まで継続的にしっかり賃貸されてきて、一時的に空室になってしまったということなら、今までどおり、貸家の評価で良いという取扱いになります。

　まとめると次のようになります。
　上記の表中「**継続的に賃貸されてきたもので、課税時期において、一時的に賃貸されていなかったと認められる」部分の範囲**は、上記①〜⑤のとおりです。

　逆にいえば、賃貸募集をしっかり行わず、長期間空室になってしまっている場合は、評価減の規定が適用できない可能性ありますので、注意する必要があります。
　実際に5ヶ月間空室が続いていたことが、「一時的な空室」とはいえないということで、評価減が認められなかった事例があります。
　空室対策を行って、長期間空室が発生しないようにするのも、相続対策をするうえで重要です。

サブリース会社に一括して借りてもらうのも一つの手段です。

（9）小規模宅地等の評価減の特例

ただでさえ、評価を圧縮できる不動産ですが、**さらに評価を引き下げてくれる特例**があります。

それが**小規模宅地等の評価減の特例**です。

相続財産の中に相続人が住み続けていたり、事業に使っていた宅地等がある場合に「土地」の評価額を減額してくれる特例になります。

小規模宅地等の種類は、次の4種類があります。

・**特定事業用宅地等**
・**特定居住用宅地等**
・**貸付事業用宅地等**
・**特定同族会社事業用宅地等**

図表3-11-12

小規模宅地等の評価減の特例

宅地等	上限面積	減額割合
特定事業用宅地	400㎡	80%
不動産貸付事業用宅地	200㎡	50%
特定居住用宅地	330㎡	80%

それぞれについて説明していきます。

①特定居住用宅地等

被相続人等の居住のために利用されていた宅地等で一定の要件を満たす場合には宅地等の評価を330㎡まで80％減額することができます。

宅地等の取得者	適用要件
配偶者	無条件に特定居住用宅地等に該当する
同居親族	被相続人と相続開始直前まで同居していること 申告期限まで保有し、居住している人
生計一親族	被相続人と生計を一にする親族 申告期限まで保有し、居住している人
3年内家なき子	被相続人には配偶者または同居の親族がいないこと 相続開始前3年以内に自己、自己の配偶者、自己の3親等内の親族又は自己と特別の関係がある法人の所有に係る家屋に居住していないこと 相続開始時に取得者が居住している家屋を一度も所有したことがないこと 申告期限までのその宅地等を保有していること

②特定事業用宅地等

　被相続人等の事業のために利用されていた宅地等で、一定の要件を満たす場合には、宅地等の評価を400㎡まで80％減額することができます。

区分	特例の適用要件	
被相続人の事業の用に供されていた宅地等	事業継続要件 事業承継要件	その宅地等で営まれていた被相続人の事業を相続税の申告期限までに承継し、かつ、その申告期限までその事業を営んでいること
	保有継続要件	その宅地等を相続税の申告期限まで有していること
被相続人と生計を一にしていた被相続人の親族の事業の用に供されていた宅地等	事業継続要件	相続開始の直前から相続税の申告期限まで、その宅地等で事業を営んでいること
	保有継続要件	その宅地等を相続税の申告期限まで有していること

③貸付事業用宅地等

　被相続人等の貸付事業のために利用されていた宅地等で、一定の要件

を満たす場合には、宅地等の評価を200㎡まで50％減額することができます。

図表3-11-15

区分	特例の適用要件	
被相続人の貸付事業の用に供されていた宅地等	事業継続要件	その宅地等に係る被相続人の貸付事業を相続税の申告期限までに承継し、かつ、その申告期限までその貸付事業を営んでいること
	事業承継要件	
	保有継続要件	その宅地等を相続税の申告期限まで有していること
被相続人と生計を一にしていた被相続人の親族の貸付事業の用に供されていた宅地等	事業継続要件	相続開始の直前から相続税の申告期限まで、その宅地等で貸付事業を営んでいること
	保有継続要件	その宅地等を相続税の申告期限まで有していること

　ただし、平成30年の税制改正で相続開始前3年内に新たに貸付事業の用に供された敷地は、貸付事業用宅地等の範囲から除かれ特例の対象とはならなくなったので注意が必要です（※もともと事業的規模で不動産賃貸業を行っている場合は除く）。

　特定事業用宅地等と特定居住用宅地等の両方を保有している場合には最大730㎡まで併用が可能となりますが、貸付事業用宅地等を保有している場合には調整計算が必要となります。

図表3-11-16

限度額計算（特定居住用宅地と貸付事業用宅地の場合）

$$A \times \frac{200}{400} + B \times \frac{200}{330} + C \leq 200㎡$$

A：特定事業用宅地等
B：特定居住用宅地等
C：貸付事業用宅地等

$$100㎡（B）×200／330=60.60㎡$$
$$200㎡-60.60㎡=139.39㎡$$

139.39㎡
まで50%
オフ

自宅100㎡とすると、、 アパートで使える面積は139.39㎡

　また小規模宅地等の特例を受けることができる宅地等が複数ある場合には、評価減額が最も大きくなる宅地等から優先して選択したほうが有利になります。

図表3-11-17

小規模宅地の評価減は有利なほうを選択する

自宅

路線価　200,000円

居住用宅地　330㎡

相続税評価額　200,000円×330㎡=66,000,000円

小規模宅地の減額　200,000円×330㎡×80%=52,800,000円

賃貸マンション

路線価　600,000円

貸付事業用宅地　200㎡

貸付事業用宅地を選択
したほうが有利！

相続税評価額　600,000円×200㎡=120,000,000円

小規模宅地の減額　600,000円×200㎡×50%=60,000,000円

　特定居住用宅地と貸付事業用宅地の両方を保有しており、最大限度面積の場合には、特定居住用宅地より貸付事業用宅地の路線価が2.64倍を超えるような場合だと貸付事業用宅地を選択したほうが有利になります。

＜まとめ＞

現金２億円を**不動産に替える**と、

それだけで、相続税評価額は、１億4,000万円ぐらいになります。

それを、**賃貸にする**ことにより、１億600万円まで下がります。

さらに、**小規模宅地の特例**を使うことにより、7,400万円まで評価を圧縮することができます。

図表3-11-18

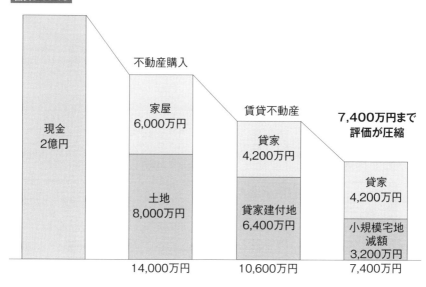

❷ 法人化による相続対策のメリット

さらに高い効果が見込める相続対策としてのメリットを説明します。

(1) 所得分散効果がある

不動産を個人で保有する場合、不動産から発生する所得はすべて本人の所得となります。**相続税も所得税と同様に超過累進税率**の適用になります。所得が高ければ、高いほど多く課税されます。

次の**図表3-11-19**では、上が個人、下が法人です。

図表3-11-19 **所得税・住民税の税率表（平成27年分以降～）**

課税所得金額		所得税・住民税 合算税率	控除額
超	以下		
―	1,950,000円	15,105%	0円
1,950,000円	3,300,000円	20.210%	99,548円
3,300,000円	6,950,000円	30.420%	436,478円
6,950,000円	9,000,000円	33.483%	649,356円
9,000,000円	18,000,000円	**43.693%**	1,568,256円
18,000,000円	40,000,000円	**50.840%**	2,854,716円
40,000,000円	―	**55.945%**	4,896,716円

法人税等(中小法人)

課税所得金額	実効税率
年800万円以下	21.37% （法人税15%）
年800万円超	33.58% （法人税23.2%）

異なる
税率構造

個人の最高税率は55%

所得税に関しては、個人の場合は、超過累進税率で、最高税率は55％になります。

それに比べて、法人の場合は、課税所得年間800万円を境として、法人税率等は、21.37％と33.58％と個人に比べて低くなります。

すでに所得が高い人は、法人を作って、所得分散をすればより高い効果が望まれます。つまり、子どもや配偶者を役員にすることで所得移転を図ることが可能になります。

子どもや配偶者に役員報酬を払うことにより、所得が一人に集中する

ことを避けて、**所得分散をすることにより、税負担を低く抑える**ことができます。また、子どもを役員にすることで給料を払いますので、**生前贈与と同様の効果も算出**することができます。

（2）将来の納税資金の確保＆相続財産抑制効果がある

　個人で不動産投資を行った場合、そこから発生する家賃収入はすべて個人のものになりますから、それを使わなければどんどん相続財産が増えていってしまいます。

　それに対して、法人であれば、所得分散すると子どもに給料がいきます。つまり、将来の相続人にお金がいきますから、相続が発生したときは、そこから相続税を払うことができます（**将来の納税資金を確保**）。

　さらに、所得分散をしていますから、本人の相続財産の増加も抑制されることもできます（**オーナー自身の所得増加を抑制する効果**）。

（3）死亡退職金の活用

　法人の場合、**死亡退職金には非課税枠**があり、**図表3-11-20**のように、500万円×法定相続人の数ということで、死亡退職金を払うことにより、総体的には、相続税を軽減させることにもなります。

　さらに、**図表3-11-20**の下部にあるように、相続人が受取った死亡退職金は、生命保険金の非課税枠とは別に利用することが可能です。**生命保険の非課税枠とダブルで適用**することができます。

図表3-11-20　　　　死亡退職金の活用

死亡退職金の非課税枠の活用
500万円×法定相続人の数

相続人が受け取った死亡退職金は、生命保険金の非課税枠とは別に利用することが可能。

また**死亡退職金とは別に弔慰金を支給**することもできます。
　通常の場合は、**死亡当時の普通給与の半年分に相当する金額までは非課税**になります。

（4）相続税の評価が不動産の評価から株式の評価へ変わる

　個人で不動産を所有している人が亡くなり相続が発生したときは、当然、不動産については不動産の評価額が相続財産となります。

　株式を所有していて法人にかかわっている場合は、資産管理法人が間に入りますので、間接的に不動産を所有する形態になります。**その場合、相続税の評価額は、不動産の評価額ではなく、株式の評価額**になります。

　では、株式の評価はどのように行われているのでしょうか。

　株式の評価方法には、次の2つの方法があります。

　1つは、**純資産価額方式**です。

　これは、**会社の貸借対照表を時価に置き直して評価**する方法です。

　貸借対照表は、その時点でどれだけ財産があるのか、債務があるのかを示したバランスシートです。そして、それを時価で評価する方法です。

　もう1つは、**類似業種比準価額方式**です。

　これは、自社と業務内容が類似する複数の**上場企業の株価や配当・利益・純資産を斟酌したうえで評価**する方法です。

　ということは、上場企業の株価が低ければ、自社の株価にも影響することになります。

　たとえばこれはイメージになりますが、外的要因である日経平均株価が上がれば類似業種比準価格方式での評価額も上がり、日経平均株価が下がれば類似業種比準価格方式での評価額も下がることになります。

　一般的には、**純資産価額方式より、類似業種比準価格方式のほうが評価額は低く**なります。

　ですから、**外的要因を取り込むことで自社の株式の評価を下げることができる**ことが、法人化することのメリットの1つになります。つまり、相続税の評価額を下げることになります。

　基本的には、両方の株式の評価方式を折衷をしていくことになりますが、資産管理法人の場合は、一般的には「**小会社**」に該当するため、

類似業種比準価額方式×0.5＋純資産価額方式×0.5

で計算することが多いです。

たとえば、次の**図表3-11-21**を見てください。

図表3-11-21

第3表　一般の評価会社の株式及び株式に関する権利の価額の計算明細書

		類似業種比準価額 (第4表の㉖、㉗又は㉘の金額)		1株当たりの純資産価額 (第5表の⑪の金額)		1株当たりの純資産価額の80%相当額(第5表の⑫の記載がある場合のその金額)	
取引相場のない株式（出資）の評価明細書	1株当たりの価額の計算の基となる金額	①	円	②	円	③	円
			211		1,599		

		区　分	1株当たりの価額の算定方法平成		1株当たりの価額
1.原則評価額方式のよる	1株当たりの価額の計算	大会社の株式の価額	①の金額と②の金額とのいずれか低い方の金額 （②の記載がないときは①の金額）	④	円
		中会社の株式の価額	①と②とのいずれか　　②の金額（③の金額が低い方の金額　　あるときは③の金額）　L の割合　（　　　　円× 0.　＋（　　　　円×(1- 0.　))）	⑤	円
		小会社の株式の価額	②の金額（③の金額があるときは③の金額）と次の計算によって計算した金額とのいずれか低い方の金額　①の金額　　②の金額（③の金額があるときは③の金額）（　　211 円 ×0.50)+(　　1,599 円 ×0.50)=　　　905 円	⑥	円 905

この事例では、1株当たりの純資産価格は1,599円でした。それに対して類似業種比準価格は211円になっています。上記の計算式に当てはめて計算すると1株当たり価格は905円と算出されるわけです。

本来は、会社の時価は、会社の財産と債務を斟酌して1株当たりの純資産価格、この場合は1,599円ですが、類似業種比準価格を取り込むことで、905円に評価を下げることができたということになります。

もうひと言

ここで、気をつけなければいけない点があります。
それは、**相続発生が近い場合**においてです。
たとえば、個人で不動産を取得した場合には、購入直後に相続が発生したとしても評価減はとることができます。
しかし、**法人の場合は、取得後3年間は、取得価額で評価をしなければならない**とされていますので、**その期間は評価減をとることができません。**
つまり、相続発生が近いときは、逆に相続税評価額が高くなってしまう可能性がありますので、**相続発生が近い場合は、法人化せず、個人で取得したほうが良い**ということになります。

❸ 資産管理法人を活用した相続実例

それでは、私が実際に資産管理法人を設立したことによって相続対策をした実例を紹介します。

すでに一次相続が終わっていて、二次相続の相談を受けました。

相続人は、配偶者と子ども1人です。

対策前

相続財産	評価額
土地	88,450,000円
建物	22,164,000円
その他財産	60,000,000円
債務	0円
小計	170,614,000円
▲小規模宅地の評価減	37,792,000円
課税価格	132,822,000円
相続税額	14,164,000円

法人設立前は、課税価額は、約1億3,000万円、

相続税額は約1,400万円かかってくるという状況でした。

保有物件については、キャッシュフローはありますが、すでに減価償却も終わっていて、借入れもすべて返済している状況でした。

まずは配偶者の所得分散を図ろうと、子どもに会社を立ち上げてもらって、子どもが出資する資産管理法人を設立して、建物を法人に移転してもらいました。既存の物件から上がる賃料収入はすべて管理法人に移転しますので、配偶者の財産の増加を抑制させることができるわけです。

また、新規に物件を購入してもらい、資産の圧縮も図りました。

金融機関から借入金2億円を金利1.2%、30年返済で借りることができました。

物件の概要は、**図表3-11-23**のとおりです。

図表3-11-23

提案内容

保有物件についてはすでに償却済であり、借入れもないことからご子息出資の資産管理法人を設立し、建物を移転させる。

新規物件を購入し、相続財産の圧縮を図る。新規物件については資産管理法人でサブリースを行う。

表面利回り	7.29%
年間賃料	16,620,000円
▲空室損▲5%	831,000円
▲運営費	4,736,700円
=営業純利益	11,052,300円
▲年間返済額	7,941,808円
=税引前キャッシュフロー	3,110,492円
▲所得税等	440,500円
=税引後キャッシュフロー	2,669,992円

借入金２億円を

表面利回りは7.29%、

年間賃料は約1,600万円、

営業純利益が約1,100万円、

年間返済額を差し引いた税引き前キャッシュフローが約310万円、

税引き後のキャッシュフローが約260万円、

になり、相続対策をしつつ、キャッシュフローも生み出すことができました。

　その結果、債務が財産額を上回るため、相続税の発生はゼロということで、相続税がかからないレベルまで評価を圧縮することができました。

　また、**既存の賃貸アパートは、法人に移していますから、相続財産から切り離すことができ、配偶者の相続財産の増加も抑制**することができました。

図表3-11-24

法人設立後

相続財産	評価額
土地	121,364,000円
建物	56,120,000円
その他財産	200,000円
債務	▲200,000,000円
小計	0円
課税価格	0円
相続税額	0円

では、新たに立ち上げた資産管理法人について見てみます。

その法人は、**子どもが出資していますから、この相続には直接関係していませんが**、**図表3-11-19**のように法人の時価純資産は3,200万円の評価になります。

図表3-11-25

1株当たりの純資産価格（相続税評価額）の計算明細書

株価評価

個人で保有した場合、3,200万円の評価が資産管理法人で保有すれば1,750万円まで評価を圧縮することが可能

合	①計	56,615	②	31.1243		合	③計	14,986	④	14,986	
株式等の価額の合計額	㋑	0	㋺	0							
土地等の価額の合計額	㋩	0									
現物出資等受入れ資産の価額の合計額	㊁		㋭								

2. 評価差額に対する法人税額等相当額の計算			3. 1株当たりの純資産額の計算		
相続税評価額による純資産価額 (①-③)	⑤	千円 41,329	課税時間現在の純資産価額 (相続税評価額) (⑤-⑧)	⑨	千円 32,009
帳簿価額による純資産額 ((②+ (㊁-㋭) -④)、マイナスの場合は ±0)	⑥	千円 18,138	課税時期現在の発行済株式数 ((第1表の1の①- 自己株式数))	⑩	株 1
評価差額に相当する金額 (⑤-⑥)、マイナスの場合 ±0)	⑦	千円 25,191	課税時期現在の1株当たりの純資産価額 (相続税評価額) (⑨÷⑩)	⑪	円 32,009,000
評価差額に対する法人税相当額 (⑦×37%)	⑧	千円 9,320	同族株主等の議決権割合 (第1表の1の⑤の割合が50%以下の場合) (⑩×80%)	⑫	円

第3表 一般の評価会社の株式及び株式に関する権利の価額の計算明細書

取引相場のない株式(出資)の評価明細書)				類似業種比準価額 (第4表の㉖、㉗又は㉘の金額)	1株当たりの純資産価額 (第5表の⑪の金額)	1株当たりの純資産価額の80%相当額 (第5表の⑫の記載がある場合のその金額)	(平成三十年一月一日以降用)
	1 原則評価額方式による価額の計算	1株当たりの価額の計算の基となる金額		① 円 2,999,000	② 円 32,009,000	③ 円	
		1株当たりの価額の計算	区 分	1 株 当 た り の 価 額 の 算 定 方 法 平 成		1株当たりの価額	
			大会社の株式の価額	①の金額と②の金額とのいずれか低い方の金額 (②の記載がないときは①の金額)		④ 円	
			中会社の株式の価額	①と②とのいずれか 低い方の金額 (円× 0. +()	②の金額 (③の金額が あるときは③の金額) Lの割合 円 × (1- 0.))	⑤ 円	
			小会社の株式の価額	②の金額 (③の金額があるときは③の金額) と次の計算によって計算した金額とのいずれか低い方の金額 (①の金額 ②の金額 (③の金額がある ときは③の金額) 2,999,000円 ×0.50) + (32,009,000円×0.50) = 17,504,000		⑥ 円 17,504,000	

　これを個人で不動産を保有していた場合は、相続税評価額は、その額になりますが、**法人の所有になりましたので、類似業種比準価格方式によって評価額を下げることができ、約1,700万円までの評価額を圧縮**することができました。

　不動産投資と資産管理法人設立を組み合わせることで、相続税も引き下げられて、さらに法人を立ち上げることで財産の増加も抑制することができました。

索引

索　引

●総合監修者紹介

倉橋　隆行（くらはし たかゆき）

CFネッツグループ CEO
株式会社シー・エフ・ネッツ 代表取締役
有限会社シー・エフ・ビルマネジメント 代表取締役
株式会社南青山建築工房 代表取締役 他
公益財団法人国策研究会 理事
三浦商工会議所 議員
2002年IREM—JAPAN会長
1958年生まれ。CFネッツ代表取締役兼CFネッツグループ最高責任者であり、グ
ループ企業十数社を率いる現役の実業家。20社を超える起業に携わり、複数の
事業再生案件も成功させている経営コンサルタントでもある。
1995年には日本で初めて賃貸管理マニュアルを出版し、1998年には「賃貸トラブル110番」（にじゅう
いち出版）が出版され、「ここが変だよ日本人」や「ジェネレーションジャングル」などに出演し、現在もテレ
ビやラジオで活躍している。
2000年に、日本で初めての不動産コンサルタント会社CFネッツを創業。
2000年に発行された「アッと驚く不動産投資」（住宅新報社）は業界初の不動産投資の著書であり、不動
産投資の分野でも先駆者となり、いまだグループ企業の創生を続けている。不動産投資から不動産全般
の法律問題、相続対策、建築コンサルティング等や、不動産業者向けの経営コンサルティングやシステム
開発にも携わり、抜群の成果を誇る経営コンサルタントとしても活躍中。
また自らも不動産投資家としても著名である。
さらに「三崎港蔵」「手打蕎麦葉山商店」「鎌倉遊ヶ崎」などの飲食店の経営やプロデュースする美食家とし
ても著名であり、プロデュースした店舗がミシュランガイドに2店舗が掲載されている。
著書には「賃貸トラブル110番」「やっぱり不動産投資が一番」「不動産投資、成功の方程式」「お金に困ら
ない人生設計」「損しない相続 遺言・相続税の正しい知識」「プロが教えるアッと驚く不動産投資」「馬鹿に
効く薬。」「生島ヒロシの相続一直線」「教訓。」「賃貸トラブル解決の手続と方法」「ポーチとピース　とうし
についてかんがるえほん」ほか多数。

●著者紹介

中元　崇（なかもと　たかし）

株式会社シー・エフ・ネッツ　副社長　東京本社・名古屋支社ブロック長
不動産コンサルタント
1980年宮崎県都城市出身。地元の大学を卒業後、裸一貫上京してCFネッツに入社。入社当時より、プロパティマネジメント事業部にて自社管理物件のリーシングおよび管理業務に携わり、最終的には担当物件の平均空室率を3%以下に抑えるなど活躍する。その後、アセットマネジメント事業部に異動し、首都圏において、区分マンションや、1棟アパート・マンションなどの事業用不動産取引を中心に手掛け、年間トップ営業の実績を含めてその積み重ねた取引総額はCFネッツグループ内でも有数である。現在は、現場で培った実務経験と国際ライセンスであるCPMおよびCCIMで学んだ投資理論を融合させながら、不動産コンサルタントとして全国のクライアントに「不動産投資」や「相続対策」のコンサルティングを行っている。また、日々目まぐるしく変化する市場や融資動向を把握したいという不動産会社・建設会社向けにも事業用不動産の仕入れや開発に関する「事業コンサルティング」を行っており、アパート用地や中古区分マンションの仕入れ相談など、毎日のように不動産情報の持込相談も受けている。なお、自身も長年培ったノウハウを駆使して東京都内に区分マンション、1棟アパートなどを所有する大家として資産拡大を継続している。
著書：「不動産投資　新プロの流儀」（共著・プラチナ出版）
保有資格：CCIM（認定商業不動産投資顧問資格）
CPM（公認不動産経営管理士）
CFP（上級ファイナンシャルプランナー）
1級ファイナンシャル・プランニング技能士（資産設計提案業務）
公認不動産コンサルティングマスター
相続アドバイザー（NPO法人相続アドバイザー協議会）
宅地建物取引士

●税監修者紹介

保立　秀人（ほたて　ひでと）

保立秀人税理士事務所・銀座タックスコンサルティング　税理士
立教大学法学部卒業。2007年に辻・本郷税理士法人に入社。多数の案件を経験する。その後2014年、銀座タックスコンサルティングを開設。法人税務申告のほか、相続・事業継承コンサルティングなど幅広く業務を行っている。自身も不動産を複数所有していることから不動産に精通した税理士として、実務と経験に則した不動産コンサルティングも得意とする。また、実務経験豊富なことから「相続・事業継承セミナー」などの相続対策セミナー、「不動産オーナーのための確定申告セミナー」などの確定申告セミナー、「資産管理法人設立のポイントと法人活用での投資実例」などの法人化セミナーなど数多くの講演をこなす。
税監修著書：「都市農地はこう変わる」（プラチナ出版）
保有資格：税理士
宅地建物取引士
住宅ローンアドバイザー
生命保険募集人資格

不動産投資と資産管理法人戦略

2021 年 5 月 13 日　初版発行　　　　　　　　　　　　　　　　©2021

著　者　　中　元　　崇
発行人　　今　井　　修
印　刷　　亜細亜印刷株式会社
発行所　　プラチナ出版株式会社
〒 104-0031　東京都中央区京橋 3 丁目 9-8
京橋白伝ビル 3F
TEL 03-3561-0200　FAX03-3562-8821
http://www.platinum-pub.co.jp

落丁・乱丁はお取り替えします。ISBN978-4-909357-68-7